JN249309

私のアパート経営〈失敗〉物語

成功の秘訣はトラブルにあり!?

仲村渠　俊信

ボーダーインク

はじめに
Apartment

あなたは、アパートを所有してみたいですか。

あなたは、給料以外の収入がほしくありませんか。

お金について心配のない豊かな老後を送りたくないですか。

こんな夢や願望をチラチラと頭に思い描きながら、あなたは本書を手に取ったのではないでしょうか。

もし、あなたが、アパート経営に成功すると、このようなことが現実となります。まったく誇張ではありません。事実、私自身が現在このような生活を送っています。

私は多くの失敗を繰り返しながら現在の経営へたどりつきました。

でも、あなたが実際にアパート経営を考え始めたなら、きっと次のような不安が脳裏をよぎると思います。

・海千山千の不動産屋さんにだまされて不良物件をつかまされないだろうか。

・給与収入しかなく、貯金もほとんどない私に、銀行はお金を貸してくれるだろうか。一笑に付されて恥ずかしい思いをしないだろうか。

・もし運よく物件を買うことができても、銀行の借金を返せない状況が生じたらどうしよう。

・自分の物件にトラブルを起こすような怖い人が入居してきたら、どうしよう。

・入居希望者がいなくて空室だらけになったらどうしよう。

・入居者が火事を起こしたら……

・地震になったら……

私も、中古アパートを購入して自己管理を始めた最初のころは、このようなことが日々の心配の種でした。そして、ふとしたことで心配の種が大きくなったりするのです。これは、私のマインドが、アパートを購入して経営者になった後も、給与生活者の考え方のままだったからです。

不動産投資に限らず、経営はリスクを伴います。給与生活者の場合には、あなたに給与を払っている経営者がそのリスクを背負っています。**経営者は、リスクを背負いつつ、そのリスクを最小限にするように対処しながら収益を上げ、給与生活者以上の所得を得ることができているのです。**あなたがアパートを所有する経営者になると、リスクに対処するためにさまざまな対策をとることとなります。

私が不動産投資を始めたころはアパート経営に関する本自体が少なかったのですが、現在では、全国の書店に不動産投資に関する良書が多数、並んでいます。その気になれば学ぶ環境は十分整っていますし、不動産投資に成功するための知識、技術的な手法については、ほぼ確立されていると私は思っています。**時間をかけて、粘り強く学び、自己責任のもとにひとつひとつ行動に移していく**ことで、成功へ結びつけていく。それは可能だと私は思っています。

沖縄でのアパート経営の技術的な手法については、拙著『あなたも沖縄でアパート大家さん！』（ボーダーインク、平成二十六年）を参考にしていただければ幸いです。私が物件を購入した経緯や実際にやってきた技術的なことが書いてあります。沖縄の不動産をめぐる特殊事情についても併せて書かせていただきました。

そうしたことを踏まえて、第二作となる本書では、中古アパートの購入から管理、そして経営に至るまでの十一年間のアパート経営において私が犯した恥ずかしい失敗、知識不足から犯した間違い、勘違い、失敗の数々を具体的に紹介していこうと思っています。どのような出来事にどのように対応してきたのか、本書を読めば一目瞭然にわかるはずです。それによって、さらに一歩進んだかたちであなたの経営に少しでもプラスになり、経営の安定に資するのであれば幸いです。

※本書の内容は実際に起こった出来事ではありますが、関係者の個人情報を保護する観点から、状況設定など取り巻く環境や人物描写を変えていることをご理解ください。

Contents

Contents

Contents

Contents

表紙&本文デザイン:仲田慎平

序章

アパート経営の手法は確立されている!?

●失敗の繰り返しで解決する力が身についていく

私は、現在、アパート経営で生計を立てています。盛大に贅沢できるような金持ちの生活ではありませんが、衣食住になんとか不自由しない程度の生活を送ることができています。また、何と言っても大家さんには定年がありません。子育ての資金として、老後の仕事としても最適だと考えています。

「はじめに」でも書きましたが、私のアパート経営は、失敗を繰り返しながらも、経験を積むごとに年々安定してきたように思っています。さまざまな本を読み、各種のセミナーに参加したりして、その重要な教えは忠実に守りつつも、自分自身で考えて工夫しながら行動に移し、その時々で失敗を繰り返しながら、いろいろな問題に対応してきたように思います（勝手な思い込みで悩んだり考え込んだりしたこともありますが）。

数多くのミスや間違いを繰り返してきた私が、大きな事故や災害もなく、なんとか経営を続けてくることができたのは、周りのたくさんの方々の助言や手助けによるものであって、心から感謝しています。アパート経営をしていると、大家の思惑にかかわらず、いろいろな課題が次々と未来から降りかかってきます。**そのひとつひとつに丁寧に対応していくという経験を積んでいくと、自然と解決する力が身に付いてきます。**そして問題解決が楽しくなったりもするのです。

もちろん完全には解決できない課題もありますが、それはそれでいいのだと思います。解決に失敗して、うろたえることもあります。若い入居者さんに対して、まるで自分の子供にするように叱ってしまうなど、あとになって「そこまで思い入れて話さなくてもよかったのに」と自分自身で苦笑いすることもあります。高齢の入居者さんとの世間話から、というに亡くなった自分の両親を思い出してしんみりすることもありました。

そうやって自分なりに精いっぱい考えながら入居者さんと付き合い、理解し、問題を解決しようと努めたことによって、入居者様のお役に立って喜ばれる、そういうことも少なからずあります。それがまた、私の小さな喜びでもあります。

●新米大家のドタバタ経営 ツッコミ歓迎！ 苦笑歓迎！ 共感も歓迎！

ほとんどのアパート大家さんは自分のアパート管理を不動産屋さんに委託していると思いますし、これから大家さんを目指している方も不動産屋さんへの委託をお考えだと思います。そのため、現在大家さんをやっている方であっても、これから私がお話しするような内容に興味はないかもしれません。でも、現実にこのようなことが日々起こっているということを知ることは、とても有意義だと思います。

私の失敗話を**「そんなバカな！」**と笑い飛ばしながらお読みください。失敗の数々を、「そんな対処方法で？」とか**「なるほどそんな手があったのか！」**などなど、おおいにツッコミを入れながらお読みください。そんなふうに読み進んでいくうちに、もしかすると、あなたが抱いていたいくつかの不安が解消されるかもしれません。この本を読む前よりもアパート経営に前向きになっているかもしれません。この本の読者が、「私だったらもう少しうまくできる」と感じてくれることも、この本を書いた目的のひとつでもあります。

また、現在、アパート経営をしている方は、自分の経営と照らし合わせてみるといいかもしれません。あなたと同じ境遇にあるかもしれない大家が、日々どのようなことをツラと考えながらアパート経営をしているのか知ることができます。ここでお話しする内容は、アパートを経営している者にとって全国共通の悩みでもあると思います。

「あ！それ確かに、ある、ある」と共感してもらえることもあるでしょうし、「あ！こんなバカなことを！そんなことも知らなかったの」とあきれることもあるかもしれません。

●生活の安定のためには最適な手段

ところで、私が住んでいる沖縄では三世帯に一世帯は貧困世帯だとの新聞報道がありました。（二〇一六年一月五日付「沖縄タイムス」朝刊）また、日本全体でも六人に一人が「貧困層」との統計もあります。厚生労働省が二〇一四年七月にまとめた「国民生活基礎調査」によると、生活意識が「苦しい」とした世帯は五九・九%となっています。まだまだ私たち庶民にはニュースで時々取りあげられる好景気の波は届いていないように思います。

自分自身の生活の充実を図ることはもちろんのこと、子供たちに十分な教育の機会を与えるための資金も必要です。人生の終末に豊かで安心できる生活の確保も必要です。

昨今、不動産への投資環境は競争が激しくなり、容易に良い物件を購入できる状況ではなくなりつつありますが、まだまだチャンスはあると私は思っています。あなたが、アパート経営による賃貸業により、より豊かで明るく楽しい人生を歩むことができることを切に願っています。

では、いよいよ次章から、私の失敗体験を書いた物語のはじまりです。

お楽しみいただけるとよろしいのですが。

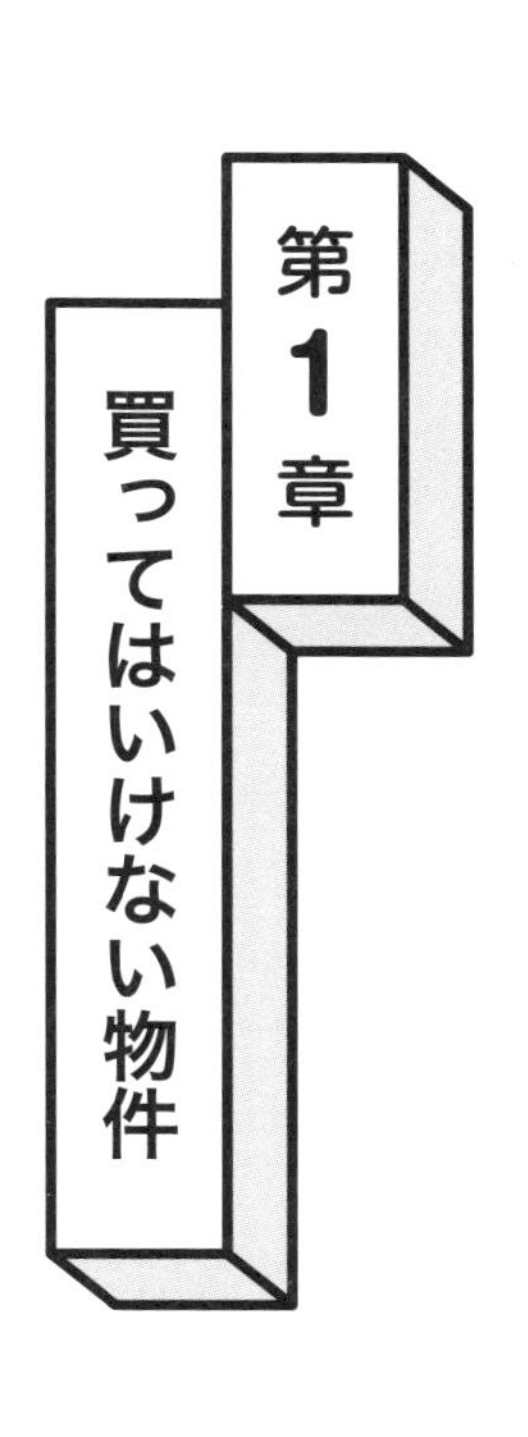

第1章 買ってはいけない物件

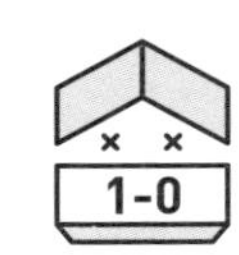

初めての挑戦、その前に

私がアパート経営を考え始めた頃、私の親戚、知人にはアパートを所有している人がまったくいませんでしたので、アドバイスを聞くことも、参考にすることもできませんでした。私の中古アパート購入は、あっちこっちに頭をぶつけながらの「当たって砕けろ」状態、予備知識もなく、ある意味とても乱暴な体当たり的試行錯誤から始まりました。いま考えると、アパートを所有するということがどういうことなのかも本当のところはよくわかっていなかったのだと思います。アパートを建てるための土地を所有していなかったので、必然的に、中古アパートを購入するという選択肢しかありませんでした。給与以外で収入を得るための、ほかの方法を思いつかなかったので、とにかくアパート経営を目指すことにした、というのが本当のところです。我ながら無謀だったとあきれるばかりです。

当時の私が最初に考えたことは、情報収集を兼ねて、まず、**県内の五十以上の物件（中**

古アパート）について現地調査を行ってから、購入のための戦略をじっくりと立てようというものです。先走って失敗をしないために、まず物件の調査を五十件終わるまでは、どんなにいい物件だと心の中で思ってもアクションを絶対に起こさないと自分の心にくぎを刺していました。

妻には、私の考えを当初から話してから事に取りかかりました。だいたいの場合、夫がこのような投資話をすると、奥さんは、ほぼ百パーセント反対します。兄弟親戚もみんな反対します。五十物件の調査を終えた段階で、中古アパート購入はベストな方法ではないと私自身が判断した場合は断念するつもりでした。

当時はネット情報もなく、わたしは毎週末になると情報誌を買い込み、

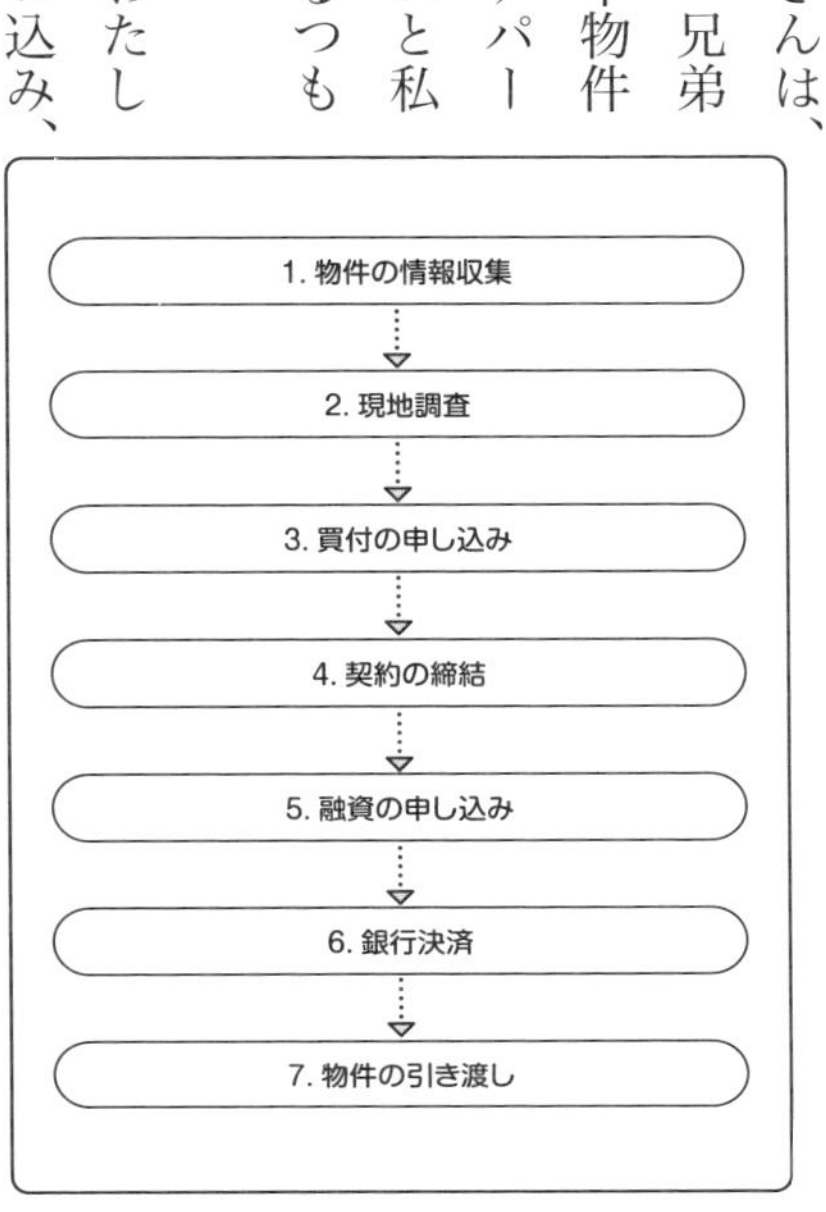
1. 物件の情報収集
2. 現地調査
3. 買付の申し込み
4. 契約の締結
5. 融資の申し込み
6. 銀行決済
7. 物件の引き渡し

私の場合、物件を手に入れるまでには、おおよそ次のような段階を経ています。詳細は47ページ以降に記載していますので、参考にしてください。

で目を皿にしていい物件はないかと探しまくり、不動産屋さんに電話をかけては現地調査を繰り返し、経験を積んでいきました。（自分でも自覚はあるのですが、わたしは事を始めると異常なくらい集中して回りが見えなくなってしまうところがあります）

〈私と不動産屋さんとの電話〉
不動産屋さん「はい、□□不動産です。」
私「○○という情報誌で見たのですが、△町の中古アパートについてお話を伺いたいのですが」
不動産屋さん「はい、まだ大丈夫ですよ。ありますよ」
私「資料をＦＡＸでもらうことはできますか」
不動産屋さん「いいですよ。ＦＡＸ番号を教えていただけますか」
私「ＦＡＸ番号は××です。よろしくお願いします」

ＦＡＸで送ってくれる資料は、概要書、間取り図、家賃表などです。

それらを見て、検討の価値があると考えた場合はさらに電話します。

私「もし可能であれば、物件を見てみたいのですが」
不動産屋さん「わかりました。ご都合は何日の何時ごろがいいですか。……では現地でお会いしましょう。もし、道に迷った場合はお電話をください。近くまでご案内いたします」

不動産屋さんとの電話はだいたいこんな感じになります。
現地に来るのは、たいていは経験豊富な中堅のベテランの職員さんが多いです。当時の私は、案内してもらうときに知識不足や資金不足をさとられないように精いっぱいわかったふりで通しました。知識不足を悟られると不良な物件を買わされるのではないかと思い込んでいたのです。このままでは巧みな話術にはまってしまう、ここで感心した顔をしたほうがいいのかな……などと演技をしてみたり。いま考えると緊張しすぎでおかしな振舞いをしていたかもしれません。
今では、不動産屋さんが考えていることや事情も少しはわかるようになりました、そして、案内している不動産屋さん自身もその物件についての情報をそれほど詳しく知らない場合もあるということがわかりました。大体の場合において、ひとりの担当者が取り扱う物件数が多くて手が回らないというのが実態のようです。また、不動産に係る法律を十分知らない方もいるように思います。そんな事情があることを知ると、**肩の力を抜いて現地調査を楽しく続けることが大事だと思うようになりました。**何事も楽しくないと続きません。

そして、概要書に出てくる建蔽（けんぺい）率、容積率、市街化調整区域などの単語を検索サイトや専門書で調べて確認したり、「築浅」などの不動産屋さんが話す業界用語をメモして覚えたりと、モリモリと知識をつけていきました。

不動産物件にはひとつとして同じ条件のものはなく、その都度、真剣勝負で臨みます。とんでもなくお宝な物件ではないかとそのたびに思いがふくらみ、たまらないドキドキ感、ワクワク感がありますので、新たな物件の現地調査に行くのは私の楽しみのひとつです。調査に行く前から「このような条件だと、この物件は購入しないだろうな」と思っても、調査に行く楽しみが減ることはありません。

不動産屋さんは物件を売るのがお仕事ですので、皆さん、ほんとにお話がソフトで上手です。不動産に対してほとんど無知な初対面の私にでも、最上級のお客様として、気分よくなるように対応していただけます。

しかし、私が目標にしている大家さんで、不動産経営に関して多数の著書を持つ山田里志さんは『あと5年で会社を辞めて豊かに暮らす仕組みのつくり方』（ごま書房新社）で、**「公開されている物件のうち、優良物件は、1％以下である」**と書いています。このことからしても、すぐには優良物件にたどりつけないのが現実でもあります。

そんな私が、アパート経営を始めようとしていた当時、言葉巧みに誘導され、おもわず購入してしまいそうになった失敗物件を紹介します。いまでもそのような物件は巷に大量にあふれていることも御承知ください。

次のような物件をあなたなら購入しますか？

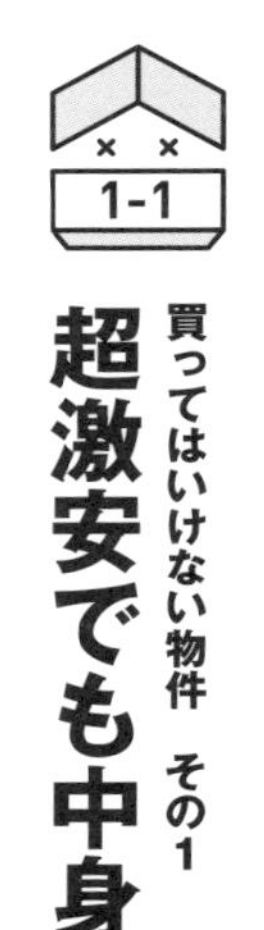

買ってはいけない物件　その1

超激安でも中身はボロボロ

はじめに、私が一棟目のアパートを購入するまでに遭遇した、「失敗な物件」のお話をしようと思います。

この物件は、城下町の閑静な住宅街の中に建っている二階建て鉄筋コンクリートで、上下に一戸ずつ、計二戸の小さなアパートでした。売買価格が三五〇万円と激安です。建築後四十五年が経過しており古いのですが、一階の一戸には入居者がおり、その時点で表面利回りで一二％（家賃三万五〇〇〇円）です。つまり、満室になれば（二階が入居すると表面利回り二四％）、四年あまりでは単純計算で売買価格の三五〇万円を全額回収できる計算となります。築年数が古いのでアパートローンはたぶん使えないと思いますが、貯金が三〇〇万円ありましたので、なんとか工面すれば現金で購入できそうです。

この物件の良いところは、

- **激安のため現金で購入できるので長期ローンのリスクがない。**
- **現金購入なので金融機関の審査を受ける必要がない。**
- **利回りが高いので順調にいけば五年後には全額回収できる。**
- **物件が小さいので管理の手間が少ない。初心者の私でも管理できそう。**
- **もし、失敗しても最小限の損失で済む。**

と初心者の私にとって好条件の物件のように思われました。

利回りとは、おおまかに言うと元金に対する利息・利益配当の割合ということになり、**「表面利回り」**と**「実質利回り」**があります。
表面利回り＝年間で得られる家賃などの収入÷物件価格
実質利回り＝（年間で得られる家賃などの収入―管理費・修繕費・固定資産税・ローン元金など）÷総投資額
通常の場合、物件情報で示されるのは表面利回りのことを言います。
私の場合、この表面利回りが最低でも9.5%あることを物件購入の条件にしています。手元に現金が残るかどうか、最低ラインの目安になりますので、表面利回りにはとことんこだわりましょう。

〈不動産屋さんの売り込みトーク〉

「こんな激安の物件はめったに出ません。ご案内したのはあなた様で三人目となります。いま、会社の電話が鳴りやまない状態です」

「前向きに購入を検討している方もいらっしゃいますので、興味があるのであれば、申し込みをお急ぎになった方がいいですよ」

「初めて物件を購入するのであれば、価格の安いこのような物件から始めた方がいいですよ。あなたのような方にぴったりの物件だと思います」

当時の私の判断

この売り込みトークに私の心はぐらぐらっとゆれました。丁寧でありながらも親身になって購入を勧めてくるので、私は、買付証明書を提出して、手付金（五〇万円）を入れる日取り（契約日）を決めました。

【買付証明書とは】

購入する意思があることを示す目的で売り主に提出する書面のことです。法的拘束力はありませんが、不動産業者間の暗黙の了解として、提出された順番の通りに購入の順番が決まることが多いです。決まった書式はありませんが、買うのを見合わせる場合も考慮して文面を作りましょう。文面は以下のようなものです。

平成○○年○月○○日

買付証明（申込）書

○○×× 殿

私は、下記の物件を下記の条件により購入することを申し込みます。

記

1 買受希望金額　金　○○○万円也

2 費用負担

3 契約期日　平成○○年○月末日までとする。

4 手付金　金 ○○○ 萬 円 也

5 表示の物件
(1)土地の所在　○○市 ×2丁目0000番
地目 宅地
000. 00 ㎡（≒000.00 坪）

(2)建物所在地　○○市 ×2丁目○号
(上記土地上の建物)
構造:鉄筋コンクリート陸屋根 ○階建
000. 00 ㎡（≒000.00 坪）

6 但し、銀行の借り入れが実行できなかった場合、共同経営者の同意が得られなかった場合は、当買付申込書はその義務及び効力を失うものとする。

以 上

買受人 住 所　○○市 ×丁目△△番地

氏 名　○ × △ □　印

しかし、冷静になって考えてみると、この物件には課題もありました。

・土地が約二十坪と狭いため、駐車スペースが取れない。付近に貸し駐車場がない。
・接道がないため、再建築の見通しが立たない。
・築年数が古く、クラック（コンクリートの割れ目）が見られる。
・現在の入居者は高齢であり、いつ退去してもおかしくない状況にある。
・この物件を購入すると自己資金を使い果たしてしまい、自己資金が貯まる五年後まで次のアパート購入を待たないといけない。このまま満室にならずに一戸だけ入居という状態だと、約九年間待たないといけなくなる。

最終判断

総合的に考え、次の理由で、この物件の購入は辞めました。

・投資した資金を回収するのに約五年～九年と、時間がかかりすぎる。
・今後の修繕費、入居の可能性、家賃設定など、不確定な要素が多い。
・老朽化により取り壊しとなった場合、再建築ができないことから、駐車場として活用することとなる。この地域の相場では、駐車料金は一台五〇〇〇円程度。土地の形状から四台程度しか駐車スペースを取れないため、採算が合わない可能性がある。

現在の私にとっては三五〇万円は経営にさほど影響を及ぼさない金額なので、もっと積極的に購入を検討することができますし、リフォーム費用もおおむね見当がつきます。しかしながら、当時の私にとっては手元の三〇〇万円は大事な虎の子でした。今後、投資を継続させていくためには、この**自己資金には最大の効果を発揮させる必要があった**わけです。それが、購入を見合わせる理由となりました。

同じ条件の物件はありませんし、同時に、購入者の戦略やその時々の経済状態によって最適な物件も異なってきます。私にとっては最適でない物件でも、ある条件を満たした人には最適な投資物件になりうるということです。

●不動産投資は理詰めのゲーム

購入を検討する時によくあることですが、その場の雰囲気にのまれてしまい、「買わなければ損をする」という気持ちになってしまいがちです。「二度とこのような物件にはめぐりあえないのではないか」と思いがちです。不動産屋さんも巧みなトークで物件のアピールを行い、攻勢をかけてきます。こんな場合には、**いま一度冷静になって、第三者的な立場で考えることが大事です。**

冷静になるための方法としては、物件の見栄えや設備、立地などの条件をはずして、厳密に数値だけで収益性が高い物件かどうかを整理することがポイントです。**「エイヤ！」で買っていい物件はひとつもありません。**不動産投資はリスクが伴いますから、可能な限りそのリスクを軽減する努力が必須です。発生するであろうと予想されるリスクを軽減する手法や技術を、あなたは持ち合わせていますか。

「運命的な出会い」はありません。**不動産投資は度胸のゲームではなく、理詰めの数のゲームなのです。**どんな物件でもあなたが購入しなければならない義務は一切ありません。

たとえ今、この物件を買わなくても、あなたは依然として再度スタートラインに立つことができますし、次のバスはすぐに来るのです。あせらず、一歩一歩、確実に進みましょう。年に一棟購入できれば十分です。購入できなければ、購入できるまで待ちましょう。自分の基準に当てはまる納得のいく物件に出会うまで待ってもいいのです。

ちなみに前項で紹介した超激安物件は、私が現地確認をした三カ月後には購入申し込みが入り、売却されたと聞きました。

●購入を見送った物件のその後について

私は、ある程度の魅力を感じているものの、ある理由により購入を見送った物件について、その後、どうなったのかを三カ月後ぐらい後まで、時々情報収集しています。

その時の自分の判断がどれくらい正しかったのかを見極めるのが目的です。繰り返しになりますが、不動産は、ひとつとして同じ物件がないため、その都度、新たな価値判断が必要ですし、柔軟な考え方が大事だと思うからです。私が大きなリスクと考えていたことが、ある種の対応能力を備えた大家さんにとってはかなり軽度なリスクと受け取られていた場合もありました。

また、ここ最近は、購入希望者が増加している傾向にありますから、私にとっては見逃せないリスクを抱えていて購入に値しない物件が容易に売却されているケースもあるように思います。

この場合、購入した買い主がこの物件のどこに魅力を感じたのか。どのように運営していくのかとても興味があります。もしかしたら、**そこに新たな物件活用のヒントがあるかもしれないからです。**

例えば、ある種のリフォームをすれば家賃を上げることができるのか、自分の住宅との併用にすると結果的に利回りが上がるのか、自分の家業（水道、電気等の工事会社など）の活用でリスクを補うことができるのか。そんな可能性を考えるのです。

その物件の購入を見送ったのは、私の購入判断の誤り（失敗のひとつ）かもしれません。失敗（経験）は、私に多くの能力獲得の機会を与えてくれます。今後の物件購入の判断にとって大きくプラスをもたらしてくれる可能性もあるのです。

● お断りするにも心配りを

私の友人に、親身になってもらった不動産屋さんに対して「断るのがつらい」「どういう理由で断った方がいいのかわからない」と言う方がいました。心やさしいあなたも、お断りすることにストレスを感じるかもしれません。

参考までに、私がお断りする場合の理由としているのは、

・家族が反対するので。

・親戚の都合で至急お金が必要になったので。

・この物件の運営に自信がないので、もう少し勉強させてください。

などです。

さらに大事なポイントとして、「物件購入を長期的に検討していきたいので、今後ともよろしくお願いします」と付け加えて、物件情報を引き続き紹介していただけるよう、お願いするようにします。

その物件の欠点をあげつらってお断りするのは控えた方がいいと思っています。不動産

屋さんは良い物件として紹介しているのですから、お断りするにも心配りが大事です。そうすることで、お互いに気持ち良く次に進むことができます。買付証明書を提出していても、双方が契約を取り交わしていなければ、断ったとしても法的な問題はありません。

また、私は、飲み物（ペットボトルのお茶やジュース類）やお菓子、ケーキなどを手土産に不動産屋さんを訪ねたりします。**甘い飲み物やお菓子は人と人の潤滑油になります。**不動産屋さんが勧める物件を購入できなかったとしても、お礼の気持ちは大事です。

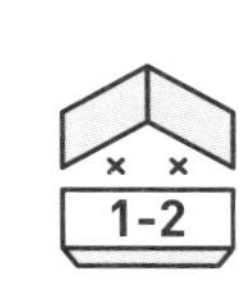

買ってはいけない物件 その2

最新設備でピカピカ築浅、でも収益は？

この物件は、最近、地域開発されてニョキニョキと高層ビルが建ち始めている場所にある築三年のアパートです。鉄筋コンクリート四階建て、２ＬＤＫ二〇世帯（家賃月額一〇万円）のファミリータイプです。

約二五〇坪と土地が広く、一世帯に二台の駐車場が付いています。売買価格が四億円で、表面利回り六%、現在、満室です。洗濯機置き場が室内で、風呂・トイレ別、ベランダも広々としています。ほぼ新築状態ですので最新の設備やフローリングが美しく輝き、オートロックで、セキュリティーも万全。ガス乾燥機まで完備しています。付近の小中学校まで徒歩圏内(約一〇～一五分)。アパート入居者が希望する設備のランキング上位に来るようなものはすべて完備している、そんな物件でした。

〈不動産屋さんの売り込みトーク〉

「こんな素晴らしい物件はなかなか売りに出ません。間取りもいま一番はやりのタイプで、設備も最新の機器となっています。皆さんが一度は住んでみたくなるようなアパートです」

「基本的な装備はすべて備えており、セキュリティーも万全ですので入居者様には大変ご満足いただいております」

「立地も良く、資産価値も折り紙つきですので、私どもで融資を受けられる金融機関を紹介することも可能です」

当時の私の判断

広々とした敷地、威風堂々とした外観に加えて、最新の設備に目を奪われて、「こんな素晴らしい物件が自分の所有になるのか」と思うとワクワクドキドキしました。不動産屋さんから紹介された銀行で、オーバーローンで借入できそうです。

私は、物件を調査したその日のうちに、不動産屋さんの事務所で促されるままに買付申込書を書き、提出しました。

銀行に融資の審査をしてもらっている間にも物件に何度も足を運び、建物の周りを見ながら「こんな素晴らしい物件が自分の所有になる」と一人酔いしれていました。また、友人から「これはおまえの物件か」と羨望のまなざしで見られるだろうなと一人悦に入っていました。

しかし、ふと我に返って考えてみると、他人に自慢するためにアパートを購入するわけではなく、あくまで収入を得る手段の一つとして購入するのですから、**ほんとうに儲かるのか、銀行への支払い後、手元にいくら現金が残るのかなど、冷静に収益性を検討する必要があります。**

オーバーローンとは

頭金などの手持ち資金がない場合などに、資金の100%を融資してもらうこと。フルローン。

このアパートの収益性を試算してみると、

満室で推移するとして、必要経費が八%とすると、全借入額は四億三二〇〇万円となります。私は、内入れできる資金を持っていませんでしたのでオーバーローンで借入する必要があります。二五年ローンで金利二・一%とすると月の返済額が約一八五万円となり、毎月の家賃収入二〇〇万円から差し引くと一五万円の利益が出る計算となります。(修繕費等経費をゼロ円として計算しています)

当時の私の給与手取り額とほとんど同じ金額です。

しかし、もし二戸が空室(入居率九〇%)になると月額収入は一八〇万円となり、手残りは月額マイナス五万円になってしまいます。ファミリータイプの物件は一度入居すると退去が少ない傾向はありますが、一〇%程度の空室率は見込んでおきたいところです。

また減価償却費がありますので当初の所得税の納付はないと考えられますが、固定資産税の支払いは見込んでおく必要があります。

最終判断

それらを踏まえて、私は次の理由で購入をお断りしました。

・アパートを購入する理由は、あくまで収入を得るためであり、他人に自慢するためではない。

・所有欲を抑えることはつらいのですが、見栄や採算性のない欲望は勇気をもって排除する必要があること。

・冷静に収益性にのみ注意を向けると、これだけの大きな金額を長期に借入するというのは、初心者にとってはリスクが大きすぎること。

・入居者の入れ替わりで家賃が五％程度下がっていくのを想定しておく必要があること。

構造や設備、見栄え等は申し分ない物件ですが、**収入を生み出すマシンとしては機能的に低いと思いました。**私が本当に購入したい物件は、見栄えよく、皆さんから称賛されることを優先するものではなく、見栄えは多少悪くても、安定的かつ確実に高収入をもたらしてくれる物件です。

購入後、短期間（五年以内）に同じ売買価格で売却するという戦略もあるかと考えましたが、リスクが高すぎると思い断念しました。この場合、金融機関に返済した分が利益として残ります。ある程度の自己資金を投入することができる人であれば、また違う判断になるとは思います。

物件購入の手順とその方法について、簡単に紹介していきたいと思います。くわしく知りたいという方は拙著『あなたも沖縄でアパート大家さん！』を参考になさってください。

1．物件の情報収集

まずはどこに、どのような物件があるか、情報を得ることからスタートします。情報源は次の四つになります。

① **情報誌で調べる**
② **新聞で調べる**
③ **ネットで調べる**
④ **不動産屋さんから直接聞く**

※不動産屋さんとの付き合い方については五五ページに詳述しています。

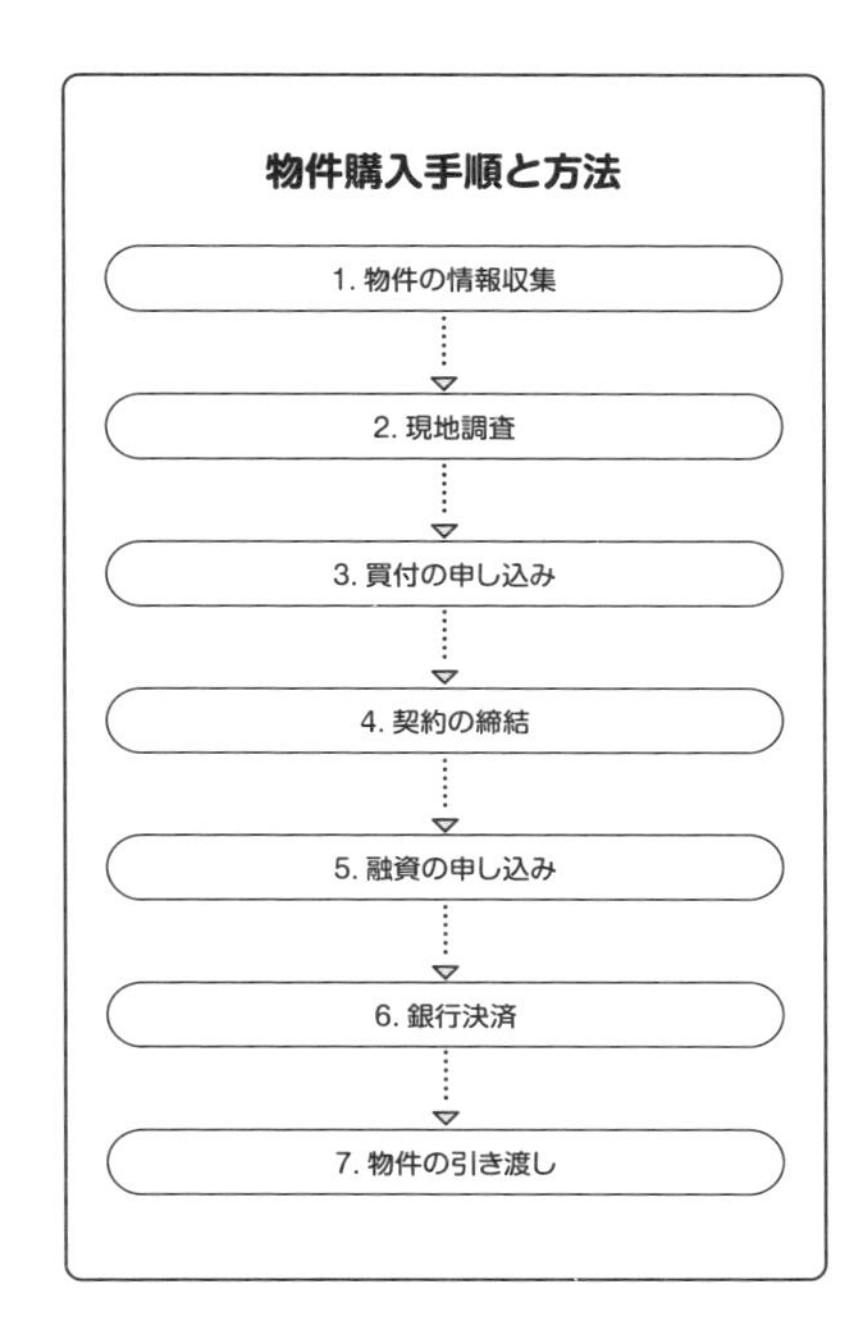
物件購入手順と方法

1. 物件の情報収集
2. 現地調査
3. 買付の申し込み
4. 契約の締結
5. 融資の申し込み
6. 銀行決済
7. 物件の引き渡し

2. 現地調査

そうして得た情報を手に、不動産屋さんに同行していただいて、物件の現地調査に出向きます。おおまかに言うと、

- **立地や周辺環境を見る**
- **建物そのものを見る**
- **屋内の状況を見る**
- **水回りや電気系統を見る**

ということになります。

3. 買付の申し込み

調査を終えて物件を購入したいと思ったときには、その意思があることを売り主に示すために、「買付証明書」を提出します。チャンスを逃さないためには素早い提出がカギにな

ります。文面の詳細は三三ページに記載しました。

4. 契約の締結

さらに、金融からの融資もおおむねＯＫが出た時点で契約を交わしましょう。売買契約に際して、不動産屋さんは売り主・買い主の両方に「重要事項説明書」を説明する法的な義務があります。これには全ての重要なことがらが記載されていますので、疑問点がある場合は必ず確認しましょう。また、当然のことながら契約書の精査も必要です。いずれも、事前に取り寄せてじっくりと読んでから契約することをおすすめします。

5. 融資の申し込み・銀行決済

事前に金融機関と調整していた融資を正式に実行し、売り主への支払い決済を行います。それと同時に、不動産の登記を行って所有権移転が完了、これであなたは晴れて物件のオーナーとなります。

買ってはいけない物件　その3

高利回り築古物件

この物件は、住宅街にある1LDK九戸、駐車場九台で現在満室の築三十七年のアパートです。売買価格五〇〇〇万円で表面利回りは約一〇・四％とかなりの高利回りとなっています。ただし、築年数が三七年ということから、融資を受けることができる最大期間は十年です。

もし、購入経費（約八％とすると四〇〇万円）を自己資金で賄うとして、売買価格五〇〇〇万円を金利二・一％で十年間借り入れすると、月々の返済額は約四六万円となり、アパートの月々の家賃収入四三・二万円から約三万円の赤字となります。最低でも修繕費や固定資産税としての経費がありますから、トータルで大幅な赤字となる計算です。通常であれば赤字となる物件の購入を検討するわけがないのですが、不動産屋さんから、次のようなセールストークがありました。

〈不動産屋さんの売り込みトーク〉

「購入経費プラス内金一〇〇〇万円（合計一四〇〇万円）を自己資金で賄うことができれば、十年間の融資期間の経過後は、月々の家賃がすべてあなたの収入となるので、絶対にお得です」

そこで、私は、不動産屋さんのお話のとおり、絶対にお得なのか検証してみました。金融機関からの融資額を四〇〇〇万円とし、金利二・一％で借入期間を十年間とすると、月々の返済額は約三七万円となります。家賃収入が約四三万円ありますので金融機関への返済は可能です。満室の状態が続くと仮定すると、月々では約六万円の黒字になる計算です。利益は出なくても、修繕費や固定資産税の支払いはできそうです。

このような状況で、返済期間の十年間を乗り切ると、その後の月々の家賃収入は、まるまる約四三万円手元に残ることとなり、年間五一六万円の収入となります。三年間分を合計すると約一五四八万円となりますので、内入れした自己資金（一四〇〇万円）を回収できる計算となります。金融機関への返済はありませんので、三年経過後はすべて自分の収入となります。借金がないのですから、仮に、家賃の下落や入居率の低下があっても安心です。

当時の私の判断

この時私は、たまたま、所有物件を売却したばかりで、手元に売却益の一五〇〇万円余りの現金がありましたので、不動産屋さんの提案に乗ることができる状況にありました。もしかすると千載一遇のチャンスが回ってきたのかと私は思いました。不動産屋さんのセールストークは、冷静な計算の積み上げによる想定に見えます。見落としはないでしょうか。

まず、最初に確認すべきことは、**築後三七年が経過しているこの物件の状態です。**屋上防水等、全体的な塗装工事は全くなされていない状況です。現状で、雨漏れなどは見られないようですが、壁面には、大小のクラックが多数見られます。給排水管の取り換え工事はなされていません。排水管の漏れはないように見えますが、三七年経過していますので、給水管については屋上タンクへの配管を含めてかなりのサビと劣化が見られます。もし、この物件を購入するのであれば、至急、防水塗装工事と給排水管およびタンクの取り換え工事が必要となります。傷み具合や工事の方法等で経費は大幅に上下すると思いますが、おおむね防水塗装工事で約一五〇〇万円、給排水管等の取り換えあるいは外配管工事で約三〇〇万円程度は経費として見ておく必要があるかもしれません。そうすると、回収すべき期間はさらに三年間延長されることとなります。この時点でこの物件の築年数は、六年プラスして四三年になっています。築四三年の物件がどのような状態になっているか想像ができませんが、クラックの拡大によりコンクリートの崩落が始まっているかもしれません。危険な建物になっている可能性もあります。見通しが少し危うくなってきました。

別の方法としては、支払いが終わり、投入した自己資金が回収された時点で、アパートを建て替えるという方法もあります。私自身は経験はないのですが、全入居者に退去していただき、金融機関から融資を受け、アパートを新築するという方法です。

最終判断

私のアパート投資の考え方は、購入したその時点から利益を生み出すアパートを手に入れる、というものです。**コンセプトは「臆病者の投資戦略」。**大きな収益でなくても、リスクを可能な限り排除したり、あるいは軽減したりして、限りなく安定経営へ近づけることを理想としています。

この物件については、いろいろなリスクがあること、さらに見通しが難しいリスクがあることから購入しませんでした。懸念されることに対応できる知識と経験がある人にはいい投資物件だと思います。

●不動産屋さんとのおつきあい

ここ数年は不動産の購入希望者が増加しているため、優良な物件については、ネット、雑誌や新聞などで情報が公開される前に売買が決まってしまうことが増えてきました。情報を持っている不動産屋さんとこのコネクションがより重要になってきています。多くの物件情報を早めに得られるように工夫が必要です。

不動産屋さんに……

①定期的に電話をかけて情報提供を依頼する
②物件を案内してもらったことのある不動産屋さんへ依頼する
③アパートの知識、金融機関からの信頼をアピールして意欲を示す。

あなたが現在サラリーマンであればすでに名刺があると思いますが、もし、名刺を持っていないのであれば、自分で作成しましょう。不動産屋さんに名前と顔を覚えてもらうためのツールになります。

不動産屋さんに会うときは必ず名刺を渡しましょう。**あなたのことを覚えていないようでしたら、何度でも名刺を渡しましょう。**

名刺に載せる事項は、いろいろありますが、まず、あなたの連絡先、住所、購入したい物件内容などを書いておけばいいと思います。

●リストを作って効率よい情報収集を

さて、購入物件の情報については、情報誌やネット等で入手しています。物件を案内してもらう際にも、「今後ともいい物件があればお知らせください」とお願いをしています。不動産経営専用の名刺を作成して不動産屋さんから連絡を入れやすいようにアピールをしていますが、少し効率が悪くなかなかコネクションが作れません。

管理専門の不動産屋さんがいる一方で、売買専門の不動産屋さんもいることもわかりましたので、私は、売買専門の不動産屋さんのリストがほしいと考えました。このリストがあれば、週に一回ほど電話をすれば、いい物件の情報が手に入る確率が格段に上がると考えたのです。しかし、実際にこうしたリストがあるとの情報は得られませんでしたので、最終的には自分でリストを作成することにしたのです。

売買専門であろう不動産屋さんのリストは、次のような方法で作成しました。皆さんもぜひ試してみてください。めんどうではありますが難しくはありません。

①ネットで売買物件情報を出している不動産屋さんのリストを整理する。

②一月から十二月までのネット情報から、不動産屋さんごとに物件情報の掲載回数ランキング表を作成する。

以上です。

この作業で、売買物件情報を多く持っている不動産屋さんがリストアップされることとなります。

しかし、このリストには、欠点があります。

・かならずしも売買専門業者でない不動産屋さんもリストアップされる。
・同じ物件が継続して、繰り返し違う業者で掲載されている場合があるために、正確性は少し劣る。
・電話だけで物件情報を流してくれる業者は少なく、不動産屋さんの事務所まで足を運ぶ必要がある。

こうしたことを踏まえて、リストを活用ください。

作成後は、ランキングの上位から電話でアポを取り、一社ごとに訪問し、コネクションをつくっていきました。現在は約四社と継続してお付き合いさせていただいています。

定期的に不動産屋さんの事務所にお伺いしてお話をすると、考え方や物件売買にまつわる事情など具体的に売買事例を挙げて教えてもらうことが多く、とても勉強になります。私自身、不動産屋さんのお話を聞くのが楽しみでもあります。

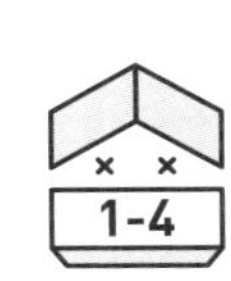

買ってはいけない物件　その4

土地が広々、立地的にも将来性あり

この物件は三階建て、幹線道路に面した事務所が三つ、三階に1K二戸、築二一年、売買価格四〇〇〇万円の物件です。一階は駐車場になっていて、さらに敷地が二五〇坪と広く、物件が左側にまとめて建築されているので右側の約一五〇坪のほとんどが使用可能な空き地となっています。三階部分の1Kは、広々としており、築二十一年でもまだきれいです。現在は売り主さんが住んでいますので売却後は空き部屋となります。

各事務所の家賃を駐車場二台付き四万五〇〇〇円、三階の1Kを三万八〇〇〇円で計算すると、満室で表面利回り六・三％となります。収益性は低いのですが広い敷地が魅力の物件です。

〈不動産屋さんの売り込みトーク〉

「今後とも事務所の需要は十分あると思います」

「駐車場も十分確保できますので将来性もあります」

「三階部分の1Kは三万八〇〇〇円を想定すればすぐに入居が決まると思います」

当時の私の判断

事務所部分がその時点で満室であることや、幹線道路に面している点から入居については問題ないと考えました。

また、アパートを新築する空き地スペースがあることが最大の魅力です。購入する中古アパート収入で土地・建物の借入金を返済できます。

付随した土地には物件を購入することで、抵当権が付くことになりますが、抵当権付き土地上へのアパート建築資金に融資が付くことも確認できました。

私は、収益性が確保できればアパートを新築したいと考えていましたが、土地購入と同時に建築の資金の両方の融資を受けると利回りが悪くなることから、苦慮していました。しかし、この物件の購入と併せてアパートを建築すれば私の希望が実現できます。私は物件購入資金の融資に向けて銀行と調整を始めました。

銀行の調査によると、この一帯は最近活性化してきた地域で、今後とも発展が見込まれるとのこともわかりました。銀行の調査を裏付けるように、銀行調整の最中に、近隣にコンビニ、約一五〇メートル先に大型スーパーマーケットの建築工事が始まりました。

最終判断

この物件については、以下の理由で購入を見送りました。

①もともと利回りが低いので固定資産税を支払うと手残りは月々二～三万円程度となること。現状の収支では収益物件としては合格ではありません。空いているスペースへのアパートの建築の成否がカギとなります。

②アパート建築については、具体的に検討してみると、いくつかの課題がありました。現

在の所有者と近隣住人との間でかなり強い感情的なトラブルがあり、アパート新築工事に周辺住民の協力が得られない可能性があるということです。

③また、物件から近隣の小中学校までかなり距離があり、ファミリータイプの間取りでは客付けに苦戦しそうであること。必然的に間取りは単身者用になりますが、付近に三棟（一六室・三五室・五一室すべて1K）のアパートの新築工事の計画があることも知りました。

特に③については友人の不動産屋さんからの情報でわかりました。某大手建築会社さんが、すでに基礎工事を始めています。近年人口が増えている地域ではありますが、近隣に大型のアパートが新築されると競合が予想され、客付けに苦戦するとともに、今後、家賃が下がっていくことも考えられます。**私がアパートを建築し、入居者を募集するころに、付近が飽和状態になる可能性もあります。**某大手建築会社さんがこれまでに建てた1K新築の家賃は周辺相場よりかなり安く設定されており、私の試算家賃では競争に勝てそうもありません。工事が始まっている物件の立地があまりに近いことも気になります。私自身、この地域に土地勘がなく、特に入居率や家賃を維持していく効果的な戦略を持っていないことからこの物件の購入を断念しました。

不動産投資は、一か八かの勝負ではなく、**投資するときには間違いなく採算が合う状況を確認してから行動に移すことが重要です。**それでも現実的には、不測の事態は発生します。まずは慎重に、あせらず、間違った行動を取らなければ、何度でもスタートラインに立つことができます。

銀行へのお百度参り

中古アパートの経営を検討し始めたころ、私は、三〇〇万円しか預金がありませんでしたので、物件を購入するためには必然的に金融機関から資金を借りなければなりません。しかしながら当時、私と銀行との付き合いは自宅ローンの返済だけ。私に貸してくれるかどうかはまったく未知数でした。

そんな状態から「中古アパートの購入資金を銀行から借りることができるのではないか」と思えるようになったのは、銀行に置かれていたあるパンフレットがきっかけでした。名称は「アパートローン」。金利は三・五％と高いのですが、誰にでも貸してくれそうに思いました。全く単純な発想なのですが、そこは「めくら蛇におじず」で、銀行の担当者の迷惑も考えず、週に一～二回の割合で担当者に会いに行きました。

〈私と銀行融資担当者との会話〉

私「アパートを購入したいのですが自己資金が三〇〇万円しかありません。どうすれば融資してくれますか」

担当者「購入物件の担保評価によって融資できる金額は決まってきます。それにしても物件価格の三割は自己資金が必要だと考えてください」

私「自己資金が三割ないとアパートは購入できませんか？」

担当者「物件によってはもっと多く融資する場合もあります」

私「多く融資してくれるのは、どういう物件ですか」

担当者「物件ごとに評価は違うので単純に回答するのは難しいですね」

私「では、具体的に物件資料を持ってきますので評価していただけますか」

　ということで、購入する物件も決めていない状況にもかかわらず、借りることを前提にした銀行へのお百度参りが始まりました。この融資担当者はあまり行員らしくないというか、愛想が悪く、私に対しても少し冷たい感じの対応です。だからこそ逆に「これは可能性があるな」と思いました。私の経験からすると、最初から愛想がよく、調子よく話を聞いてくれる人は、だいたいの場合において、やんわりと当たり障りなく断るのです。

●徐々にアドバイスがもらえるように

最初のころはその担当者に迷惑そうな表情でだいぶ待たされることもありましたが、そのうちに私の「必死さ」を面白がるようになってくれたのか、いろいろとアドバイスをしてくださるようになりました。私はその時「買える物件を一緒に探していきましょう。そうなれば、あなたも貸すことができるし、お互いに利益がありますよ」というつもりだったのですが、銀行担当者にとっては「どうしてこの人はこんなに頻繁に通ってくるのだろう」と思っていたのでしょう。いま冷静になって考えると、どうしてあそこまで独りよがりに考えることができたのか、わがことながら不思議に思います。

当時、その担当者は、私が銀行に入ってくるのが見えるとパーテーションで囲った個室を指さします。私も無言でそこで待っているようになりました。担当者から「こういう物件は評価が高くなりますので融資が通りやすいですよ」というアドバイスを受けると、それに合致する良さそうな物件を見つけるたびに相談に行きました。こうして持ち込んだ物件について、**どこが悪くて、どこがいいのか、ひとつひとつ例も挙げながら教えていただけるようになりました。**このように、不動産屋さんからの情報と銀行担当者からのアドバイスを受けながら、本を読むなどもして勉強しつつ、物件購入に向けて考え方を固めていきました。当時は収益還元により物件を評価し、融資を検討するということが一般的ではありませんでしたので、なかなか銀行担当者から了解が得られる物件が見つかりませんでした。

●融資できる物件が見つかった！

そうこうしているうちに、銀行担当者から「この物件であれば融資が下りる」といわれる物件が見つかったのです。収益性が高く、担保評価も高い物件でした。こうして、私の初めての物件購入が実現することとなったのです。

一連のこの過程で、本当に実践的な知識を多く学んだように思います。私に多くを教えてくれた銀行担当者は、今思い返してみても、かなり厳しい融資条件を課してきていました。この経験が私の考え方の基礎になったと思います。同時に、金融機関の融資担当者が融資を検討する場合にどのような過程でどのようなことを考えているのか、おおむね分かるようになりました。**確かな物件を最初の一棟目で購入できたことが、それ以後のアパート経営の継続につながったのだと思います。**

われながら、人と運になんて恵まれているのだろうと、あきれるやら感心するやらです。

●銀行はアパート経営のパートナー

大家さん仲間からは「物件購入には銀行攻略がカギだ」ということをよく聞くのですが、私の場合は、基本的に**銀行さんが貸してくれない物件は購入しないと決めています。**私が良い物件だと思った場合でも、銀行さんでまず査定していただき、承認が得られたら購入を検討することとしています。銀行は、この物件に融資をした場合に、融資した額が確実に回収できるかを考えますので、収益率が適当か、物件価値が妥当かどうかを私に代わって検討してくださるわけです。つまり、私は銀行さんを、アパート経営を支援してくれるパートナーだと考えているのです。

また、銀行さんは、売主さんの素性やその物件に関するさまざまな情報を収集整理して査定してくれます。個人情報なので詳細は教えていただけませんが、問題がないかどうかは答えてもらえます。そのため、銀行の担当者に物件の評価をしてもらう場合には、いつも**「評価は少し厳しめでお願いします」と伝えています。**融資を依頼する場合は、その物件の良いと思う点だけでなく、私が知っている欠点と思う点も積極的にお話しするようにしています。銀行さんの評価をひとつのフィルターとして考えていますので、過去には、銀行さんの融資の承認が下りた物件でも、私自身にどうしても自信が持てない点があり、購入を断念した物件もあります。

最初の物件購入の融資が下りて、実際に出金となった時には、私に知恵を授けてくれた担当者はすでに他の支店に異動となっていました。後任の担当者と物件を確認しながら、売主さんに売買代金の支払いをしたのですが、ことの次第を知らない後任の担当者は、「あなたは幸運な人ですね。こんなに少ない手持ち資金で、よくこのようないい物件を購入できましたね」と驚いていました。私は心の中で「あなたの前任者が教えてくれたんですよ」とつぶやきました。

銀行さんとは、今後ともパートナーとして、お互いが利益を共有できる良い関係を築いていきたいと考えています。私が健全な経営を行い、利益を出し続け、銀行さんへの支払いを確実に行うことが、良い関係の継続へとつながっていくのです。

事情さまざま、珍事件も？物件を手放す理由

ここまでは、物件を購入する立場からお話ししてきました。本項では視点を少し変えて、物件を売る側の立場から売却までの事情を紹介します。売主さんは、なぜ、自分の物件を売るのでしょうか。新築したアパートであれば大きな資金を工面したでしょうし、新築にま

つわるいろいろな思いや夢があったはずです。どのような経緯で売却を決断したのか、皆さんも疑問を持つと思います。

私が遭遇した事例として、購入しなかった（あるいは購入できなかった）物件について紹介します。そこには、さまざまな理由がありました。

●自営事業の破たん

物件を手放す売主さんの事情として一番多いのが、自ら経営する事業の破たんがありました。本業が建設業や小売業であったりするのですが、取り巻く環境の変化や、強力なライバルの出現などで経営に行き詰まり、会社が倒産してしまうようなケースです。会社の場合、社長を保証人として金融機関から事業資金の融資を受けている場合が多いため、社長の所有する物件に抵当権が設定されている場合が多々あります。**会社が大きな借金を抱えた場合、その物件の売却益で清算するということになるわけです。**裁判所から競争入札にかけるという旨の通知をすでに受けている場合も多く、そうした場合は競売に付すのではなく、みずから任意売却することによって、少しでも現金を手元に残したいとの思いから売買に至るわけです。時間的な余裕もあまりなく、通常の売買よりも買付申し込みから売買契約そして資金の清算までが早いことも多いです。売買価格についても競売よりは高くなりますが、市場の価格よりは安価に設定される場合があります。

私が紹介を受けた物件で、銀行からの猶予が、購入金額の支払い・引き渡しまで二週間という物件がありました。競売に付されている物件で、購入を予定していた者が資金を工面できず、急きょ私に話が回ってきたというわけです。しかしながら、金融機関の評価等には通常の場合、二週間程度は要するので、購入資金を準備することができませんでした。築浅で利回りも比較的高く、優良と思われる物件でしたが、購入できずに残念な思いをしました。あとで聞いた話によると、建設会社の社長さんが現金で購入したようです。

●相続税の支払い

次に多かったのが、父親が亡くなったことにより、その所有物件を子供たちが相続し、売却するというケースです。売却の理由は相続税の支払いと、物件を売却することにより現金化して相続人で分けるためです。相続税の支払いのため、売却が急がれる場合があることと、売却益を何名かで分けることから売買価格にそれほど執着がなく、安価で売却される場合があります。

所有者である父親が、相続の分配を生前に決めていなかった場合には、相続人同士が分配方法をめぐって争いになることが多々あります。物件の売買契約等について、誰を窓口に話を進めるかなど未定の部分もあり、物件の引き渡しまでが長期化することもあります。売却の方法で、相続人それぞれに異なる意見があったり、意見が通らないために熱くなりすぎて、冷静に話し合いが行われるまで不動産屋さんも含めて待つこともあります。

私が買付申込書を出した物件で、不動産屋から「売却にあたって相続人同士で揉めたため、少し時間をいただきたい」と申し出があった事例がありました。それから一カ月ほど後に、不動産屋さんから「別の方に売却が決定したようです」との連絡が入りました。法的根拠はないのですが、買付申込書を一番に提出した者に優先的に売却されるのが不動産屋さん関係者内では常識となっています。事情を聞くと、相続人の一人が強引に契約を決め、支払いや引き渡しを行ってしまったようです。

複数の人間が契約にかかわると、それぞれの思惑で予想に反して感情的に事が動いてしまう場合があります。この時の売却価格は、私に提示された価格よりかなり高い価格となっていました。

●離婚

夫婦が共有名義でアパートを経営している場合に、離婚を契機に、その物件が売却されるということがあります。共有名義の物件をお互い所有したくないとの感情的な理由で売却されるわけです。物件をできるだけ高額で売却しようというよりも、**一刻も早く現金にして清算したいという思いが強いこともあって安価で売却される場合があります。**

共有名義の物件の場合、ご夫婦の署名と捺印が必要ですので、不動産屋さんは何度かお二人と調整する必要が生じますし、そのこと自体がご夫婦にとっては負担になるようです。

ご夫婦のどちらかが亡くなった場合には共有名義の方が相続上は有利になるのですが、

離婚という事態になると状況はガラリと変化して、一緒に物件を所有することが負担となるようです。

私が遭遇した物件は築二年と新しく、売買価格も安かったので、購入するつもりで検討していたのですが、別の人が売買価格に約一〇〇〇万円上乗せして契約してしまいました。それだけ上乗せしても十分高利回りを得られる物件でした。

●所有者の病気

所有者である父親が自己管理をしている物件で発生した売却事例です。管理している父親が病気で倒れて入院する事態となり、物件管理ができなくなりました。家族が物件管理を煩わしく思い売却を考えたのです。売却した資金によって看病に専念したいという意図もあるようでした。**本来、良好な経営がなされており、その後も安定収入をもたらすような物件は、本人が病気になった時こそ本領を発揮するものだと思います。**管理については、不動産屋さんに相談することもできますから。

しかしながら、アパート経営の経験のないご家族にとっては、父親の突然の病気に気持ちがいっぱいとなり、未知の心配事が増えることを懸念して売却を決断、不動産屋さんに丸投げしたものでした。

●こんな珍しいケースも

私が購入を持ちかけられた物件で次のような特殊な事例がありました。

あるお金持ちが愛人のために建築したアパートでしたが、お金持ちの人が亡くなったために売却されるというのです。愛人と子供たちはそのアパートの一室に住んでいました。そして登記上の所有者は、亡くなったお金持ちでも愛人でもない別の人。購入の際にはもちろんその所有者と売買契約を交わし、代金も当然ですが所有者に払うこととなります。

しかし、話の内容では、所有者は売買代金をその愛人に渡すということになっているようでした。登記上の所有者は、愛人から謝礼という形態で一定のお金をもらうこととなっているようです。売買の打ち合わせ等はすべて登記上の所有者と行いました。法的な整理については不動産屋さんが責任を持って行うとのことでした。

アパートには金融機関に返済を迫られるような抵当権が付いていませんでしたので、売買価格に大きな制約がありませんでした。結果的に売買価格が安く設定されたようです。

物件の売買に伴う所有者の特殊な事情は多々遭遇します。私は、法的根拠が乏しい、いわゆる違法な取引には近寄らないようにしています。自分の理解できる範疇で取引をしないと不明な事件に巻き込まれる可能性があるからです。購入した物件は、自分が所有することになるわけですから、心配は付いて回ります。**違法な物件の購入には、さまざまなリスクが付き物だと考えていた方がよいと思います。**

この物件については、金融機関の調査により「所有者に問題あり」となり融資がおりませんでした。金融機関は、反社会的な勢力を支援するようなことが禁じられています。

私が大規模リフォームを手がけた物件

私が購入した物件で、自力で大がかりなリフォームをしたことがあります。三〇坪の土地に、２ＤＫの軽量鉄骨の平屋一戸建てが建っている物件が売りに出ていました。現地に行くと、道路から玄関までのスペースを含めて三メートルを越える樹木が生い茂り、そのうちのひとつは大木となって屋根まで達している状態。建物の全体すら見通せません。

木々をかき分けかき分けしながら建物を見てみると、外壁はカビだらけで汚れており、周囲は雑草がぼうぼうで犬走りも確認できない状態です。ただ、玄関や壁、床が汚れてはいるものの、雨漏りはなくて建物は使えそうです。売買価格は安く設定されていましたが、建物の傷みが激しいために収益物件としての購入ではなく、親戚や友人が宿泊を必要とした時や、自分の小さな別荘として使うために購入を決めました。

そのような軽い気持ちで買ったものの、住める状態になるまでのリフォームは思った以上に手のかかる作業でした。

●ショベルカーが入らない！　人力での伐採へ

まずは、生い茂った樹木の伐採や雑草の抜き取りから始めました。当初は「ミニショベルカーを導入すれば楽勝」と思っていたのですが、入り口が狭いためにショベルカーを入れることができませんでした。**仕方なく人力で作業することになったのですが、**これが想像以上に大変でした。まずは土木業者を探したのですが、このような小さな作業を受けてくれる業者はなかなか見つかりません。やっと受けてもらう承諾を得ても、とんでもない高額の費用を提示されたりして二転三転、**最終的には泣く泣く自分で作業をすることになったのです。**私は、近くのホームセンターでスコップ、大型ハンマー、ナタ、オノ、ノミ、木を切るための大型のこぎり、土砂を運ぶ三輪車などを購入して、気合を入れて臨みました。

作業しながら、なぜこの物件が安く価格設定されているのかを実感することになりました。樹木を抜きとるために根っこを掘ってみると、男性の腕回りほどもある根が敷地の地中を這いまわっており、それは建物の下にまで達していました。少しずつスコップで掘り起こし、のこぎりやオノで切断しながら、場合によってはノミを打ちこみ、その先を掘り起こすような作業の連続です。埋まっていた石やゴミも敷地外に搬出し、そこに新たに購入した土を入れていったので、敷地内の土壌はほとんど入れ替えとなりました。

また、駐車場として使うために敷地の一部の土壌をはぎ取り、石砂利を敷きました。南側にある土地の一部をレンガで囲い新しく培養土を入れて、花壇や菜園に作り替えたりもしました。

●近所の人とだんだん親しく

そのうち、自分の体も作業に慣れてきて、不思議なことに毎週末の作業が楽しみになりましたし、段取りよくこなしていくと、敷地内が見違えるようにきれいになっていくので気分もいいです。近所の人たちが立ち止まってのぞき込んだりしてきますから、そういうときは会話をしたりして少しずつ親しくなりました。

毎週末、土曜日から一泊して日曜の午前中までの作業。日曜の朝は五時ごろには起きて、庭でホームセンターで買ってきたお気に入りの小さな丸テーブルを前に一人でコーヒーを飲むのが楽しみでした。まだ陽も昇っておらず、人影は少なく、遠くの山まで見渡せて、すがすがしい空気が漂っています。隣の畑では早朝からおばあちゃんが野菜の収穫に来ており、おしゃべりしながら野菜を分けてもらったりしていました。

いま思うと、このような時間を持てることが本当の贅沢なのかもしれません。

●まさかの水道トラブル！

こうして、庭の片付けが済みました。今度は室内のリフォームです。

まずは、すべての照明を取り換えます。自分で住むつもりですので、できるだけセンスのいいもので、少しだけ高価なものを取りつけました。台所は小さなシャンデリアライトをつけたところ見違えるように明るくなり、気分も高揚して楽しくなりました。流し台と、吊り戸棚も新品に取り換えました。ホームセンターで購入すると、設置作業もしてくれます。古い流し台も引き取ってくれます。

室内壁は板張りでしたが、すべてクロスに取り換えました。自分のアパートのリフォームでクロス張りは経験済みでしたので、割と楽ちんで完了です。クロスによって見た目は新築状態になりました。床についてはフローリングでもともときれいでしたので特に補修は要りませんでした。また、エアコンの取り付けをお願いした電器屋さんにテレビアンテナの設置までお願いしました。アンテナもなかったのです。

そうして、室内のリフォームがひと段落……と思ったところ、大変なことが発覚しました。**この物件には上水道が引かれてなかったのです。**台所やトイレなどの水は使える状態でしたので、それまでまったく気付かなかったのですが、実はここに引かれている水は農業用ダムから引かれた農業用水だったのです。農作物へのかん水や畜舎の清掃などに使われるもので、消毒などはされておらず、当然ながら飲料用ではありません。以前住んでいた人は、料金が安いということで、農業用水をヤカンで沸かして飲んでいたようですが、金額の問題ではありません。農業用水を飲んでおなかを壊したり、原因不明の病気になったりしては本末転倒であって、**水の安全確保はとても大事です。**

水道屋さんに相談し、上水道を引き込むための許可を役所に提出、承認を得ました。そして水道管の引かれている近隣から、歩道に縦穴を掘って給水管を引いてきます。塀を壊してメーターを取りつけ、最後に役所の検査を経て、やっと上水道が利用できるようになりました。ついでにシャワーの取り換えや洗濯機置き場までの配管もお願いしましたので、思いもかけぬ多額の出費となりました。

ここまでのリフォームや各種工事で、やっと普通の住宅として生活できるレベルまでこぎつけました。あともうひと息です。

●見違えるような美しい物件に

最後の作業は、建物の壁と屋根のペイントでした。

屋根を塗装する前に、防腐剤を塗布する作業があります。この作業だけで、ほぼ二日を費やします。そして、塗装にまた二日かかります。私がこのような作業をしている間に、家内が室内の床や柱、窓などの拭き掃除をしてくれました。

壁を塗装する前には、穴やひび割れなどを埋めるための充填剤の補てん作業があります。特に破損している場所は見受けられませんでしたが、念入りにすべての外壁に充填剤を塗りつけました。それから外壁を塗装することとなります。私自身、ペンキについての知識はほとんどありませんでしたが、ペンキ屋さんで「とにかく一番丈夫で高いペンキを」ということで購入しました。自分で住むつもりなのですから見栄えは大事です。

こうして屋根や外壁を塗装すると、すっかり美しい新築状態となりました。

ほぼリフォームが完了したころになると、近隣の人たちが中を見せてほしいとポツポツやって来るようになりました。「こんなにきれいになるのなら、私が購入すればよかった。私も購入しないか打診されたのよ。あのとき購入しておけば、最近結婚した息子夫婦に住まわせることができたのに」と残念がる人もいました。私は「あの状態では絶対あなたは購入しないでしょう。私が頑張った結果、このようにきれいになったのですよ」と、内心ほくそ笑む思いでした。こうして苦あり楽ありのリフォームは無事に終了したのでした。

この物件、もともとは自分で使用するつもりで購入したのですが、ある出来事によって考えを変えることになりました。ちょうど偶然、私にこの物件の売買を仲介した不動産屋さんが通りかかりに寄ってくださったのです。

不動産屋さんは**「あの物件が、こんなにきれいになったの！」と声を上げました。**その表情は、「驚き」と「しまった」という感情が入り混じった複雑なものでした。つまり「あんなに汚かった物件がこんなにきれいになるんだ」という驚き、そして**「自分は実際の価値より安く売ってしまったのではないか」という残念な思い……。**正直申し上げて、とても痛快な気分でした。不動産屋さんは、私が懸命にリフォームしている姿を見ていないので、頭の中に「？」が浮かんだことだと思います。

その後、私は別の不動産屋さんの仲介により、この物件を売却することにしました。広告が出るとすぐに、三名の方から買付の申し出があり、一番目に提出した方が購入しました。一緒にリフォーム作業をした家内は、この物件をとても気に入っていたので、今でも「あの物件は売らなくてもよかったのにね」と言っています。

ハラハラドキドキ、初めてのアパート購入

私が初めてアパートを購入した時のことをお話します。銀行融資が下りて、支払いが完了し、中古一棟アパートの「登記済権利証」を手にした瞬間、今までに味わったことのない充実感とワクワク感とで満たされました。あの気持ちは忘れることができません。

しかし同時に、なにか**「えらいことをやっちまった感」も心に押し寄せてきたのです。**人生で初めて、住宅ローン以外で大きな負債となる買い物をしたのです。月々の給与収入で返済できる金額ではありません。私は大きな間違いを犯したのではないか……。不安で波立つ心に「冷静に、冷静に」と言い聞かせながら、それまで何度も何度も検討した事項を、頭の中でおさらいしました。銀行担当者の厳しい査定のハードルもなんとかクリアしましたし、入居率八〇％で家賃が毎年五％ずつ下がり続けるような最悪の事態が来たとしても、その分の家賃収入で借り入れが返済できるような物件ですので、納得いく利益が出なかったとしても、返済そのものは十分にできるという試算でした。わたしが万が一亡くなった場合でも、生命保険金で完済され、負債がゼロになる「団体信用生命保険」にも加入しましたので、何かあっても家族に迷惑をかけなくてすみます。

●自己管理の道へ

管理については、当時、私はまったく知識のないズブの素人でしたので、仲介して頂いた不動産屋さんにお願いすることと決めていました。ところが、その不動産屋さんが「一棟ぐらいであれば、管理はそんなに難しいものではないので、奥さんといっしょにご自分でやってみたら。私がすべて教えますよ」とおっしゃるのです。私も管理手数料が節約できるしということで、軽い気持ちでやってみることとしました。**このことが、私がその後も、所有アパートを自己管理するというきっかけになっています。**

不動産屋さんからは、入居者への接し方、挨拶のしかたから、さまざまな手続きまで、すべて一から教えてもらいましたし、私も入居の一室一室に菓子折を持って挨拶をしに行きました。物件を購入できたうれしさもあって、こうした細かい作業にも夢中で取り組んでいったのです。

自己資金をアパート購入にすべてつぎ込んだため、空室が出た時には、室内の清掃や網戸・壁紙・床材の張り替えなどといった小さな修繕は自分で手がけました。日曜大工のような仕事がおもしろく、本を買い込んで調べたり、ホームセンターで教えてもらったり、知り合いの大工さんに聞いたりしながら、資材の種類や調達方法などを学んでいって、対応できる能力も上がっていったのです。誰に聞いても親切に丁寧に教えてくれることが多く、資材を購入に行った店から別の店の情報を教えてもらうこともありました。

●余裕はなくとも楽しめる、家族と一緒の大家生活

そんなことで、土日はほとんどアパート関係の仕事に時間を費やすことが増えてきました。子供たちには少しさびしい思いをさせたかもしれません。「休みはまたアパートに行くの？」とよく聞かれましたし、当時、小学生だった長男からは「隣の○○ちゃん家の子

だったらよかったのに」と半泣きで言われたものです。

空室となったアパートの部屋で子供たちを遊ばせながら、夫婦でリフォーム作業、子供たちにも掃除の真似ごとをさせて、お昼はそのまま家族全員で大工さんのようにお弁当を食べることもけっこうありました。**こうして家族でいっしょに働くのも楽しいものでした。**

貯金をすべてアパートの内金で使ってしまったので、家族でお出かけするときは、お金のかからない図書館、公園、海、川などへ、おにぎりを持参になりました。とはいえ、図書館では自然に本を読むようになりますし、海へ連れて行けば、子供たちは自分で考えながら夢中になって遊びます。子供におもちゃを買ってあげるような余裕はなかったかもしれませんが、それでも、**今思い返してみると、それなりに充実して楽しかった気がします。**

そして月日が経過していくごとに、私の預金額は少しずつ増えていきました。預金が増えてくると妻の信頼も少しずつ増してきますし、給料以外で収入があることはたとえようもない喜びです。

自分の工夫次第で、入居者にも喜んでもらえ、私の預金も増えていく。それがアパート経営の喜びであると、あらためて感じているのです。

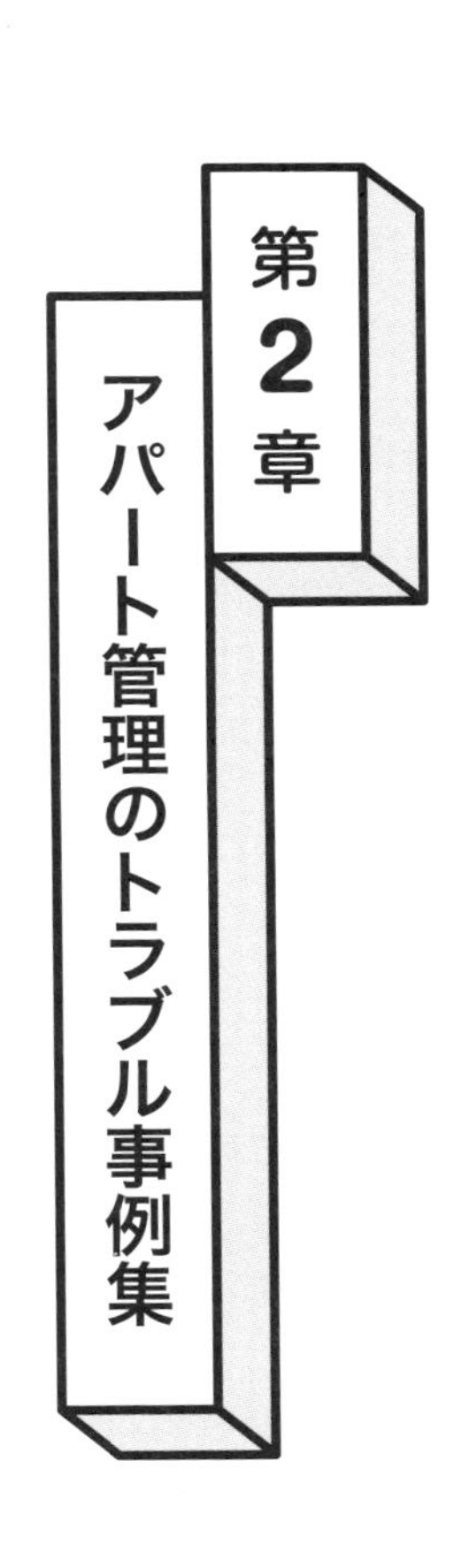

第2章 アパート管理のトラブル事例集

それは「大家さん大変です！」から始まった

アパートを新築したり、あるいは購入したりした場合、収益性が最も高くなるように物件を管理する必要があります。

「大家さん大変です！」

私は、所有アパートのほとんどを自己管理していますので、二週間に一回ぐらいの割合で私の携帯に入居者さんから電話が入ります。アパートの外灯が切れている、隣人の騒音、ご自身のリストラ問題まで、内容はさまざまですが、ほとんどの場合は対処法を間違えなければ大ごとにならずに済む問題です。

解決できないような難問であるということは、本質的には、誰も解決できない問題であるとも思います。 アパート入居者に発生する問題というのは、どこに住んでいても発生する可能性のあるものだからです。「私は住宅（貸し部屋）を多く所有しているので問題に遭遇する回数が増えるだけだ」と最近は思うようになりました。

例えば水道の水漏れであれば、元栓を締めていただいて、私が水道屋さんに電話して直してもらいます。例えばご本人がリストラに遭って家賃を払えないのであれば、家賃保証会社に建て替えてもらって、大至急で就職先を探してもらいます。家賃がどうしても払えない状況であれば、保証人さんに相談しつつ退去先を探してもらいます。トラブルに見舞われた場合はこのように、基本的には淡々と対処を進めることになります。今でこそ冷静に考えることができるようになりましたが、アパート管理を始めたころは、小さな出来事ひとつでも大変なトラブルのように感じられたものです。

アパートでは、さまざまな種類のトラブルが発生します。中にはテレビドラマの世界の出来事かと思うような出来事もあります。私は、アパート大家という立場から入居者さんの事情に触れることにより、もしかすると、**普通の生活を送る人よりも多くの身の回りの出来事に遭遇しているかもしれません。**

さまざまな事情により話せないものもありますが、私のアパートで発生したいくつかの「トラブル？・」を紹介したいと思います。

事情もいろいろ!? 家賃滞納トラブル

私が、職業を聞かれて「アパートを経営をしています」と答えると、必ず聞かれるのが「滞納する人がいると困るのではないですか。催促をするのは難しくありませんか」ということです。

入居する方にはもれなく家賃保証会社の保険に加入してもらっていて、滞納があった場合でも保証会社が立て替えていただけますから、家賃を回収できないという心配はありません。しかしながら、家賃の入金がない場合に、本人が支払いをうっかり忘れている場合もありますので、入居者に電話をします。

私「こんにちは○○さん、大家の△△です。今少し、お話をしてもよろしいですか。家賃の入金の確認が取れてないのですが、何かありましたか」

入居者「遅れてすみません。○○日までにはお支払いします。すみませんでした」
私「わかりました。○○日には確実にお願いします」

というような会話になります。私から電話があった時点で入居者は家賃のことであると気づきますので、通常はそれ以上の会話は必要ないのです。

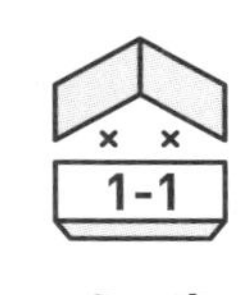

家賃滞納トラブル　その1
金銭に対してずぼらで無頓着な人

ところが、滞納する人の中には、家賃を払うということに無頓着な人がいます。つまりは金銭に対してずぼらな人で、通常の常識では理解できないような感覚の人です。しかし実際に会ってみると、明るく、にこにこと、とても人が良さそうに見えますから、友人として付き合えば楽しいのかもしれません。こういう方は悪気があるわけでもなく、また、お金がないわけでもありませんので、お願いするとすぐに払ってくれます。しかし、またしばらくすると支払いがない状態が続くというわけです。

私のアパートの入居者にもこのような方がいました。遅れても、電話をするとお支払いいただけるので、特にペナルティを課したことはないのですが、大家としては滞納がたび重なると困ります。本人に少し厳しく「期限を守るように」と言うと素直に謝って「今後は気をつけます」と言うのです。しばらくは効果がありますが、そのうちまた滞納が始まります。**根本的には改まらないのです。**

私は業を煮やして、連帯保証人となっているお姉さんに相談してみました。お姉さんは弟さんの性格をよく知っていて、私の話に理解を示してくれました。最終的に私が取った方法は、このお姉さんに請求書を送付し、家賃を支払っていただく方法でした。

私のアパート経営の目的は家賃を徴収することであり、入居者の性格を直すことではありません。この方法で目的はじゅうぶんに達成しています。

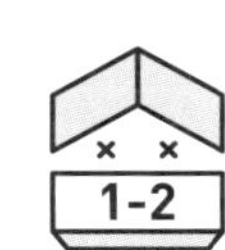

家賃滞納トラブル　その2

リストラに遭って土下座!?

また違ったケースも存在しました。それまできちんと家賃を支払ってきていた方でしたが、突然のように滞納が始まりました。電話で聞いてみると、勤めていた会社の業績が思わしくなく、人員整理の対象となり退職したとのことです。事情は不明ですが退職金も出なかったとのことでした。現在、就職先を探して面接を繰り返しているのですが、なかなか採用まで至っていないとのことです。

住所がないと就職活動もできない、ということで、次のようなお願いがありました。

・採用が決まるまでの間は、年金暮らしのお母さんと協力して家賃を月額の半額（二万五〇〇〇円）を支払う。

・就職が決まったら、足りなかった半額を上乗せして支払う。

・就職に支障が出る可能性があるので家賃保証会社に立て替えの依頼をしないでほしい。

と土下座をしてお願いされました。私は生まれて初めて土下座されましたのでこれにはびっくりしましたが、この入居者はお母さんと二人暮らしで、自分にも同じぐらいの年齢の息子がいるため他人事とは思えませんでした。お母さんは高齢ですが、しっかりした方です。経営に余計な情けは無用とは思いますが、実際にはこのようにアクションをされると無下にもできませんでした。

結局、この入居者のお願いを受け入れ、私は家賃を待ってあげることとしました。再就職まで半年近くかかりましたが、無事収入のある状況となり、未納分も支払ってもらいました。

このような出来事をその後、知り合いの不動産屋さんに飲み会の席で話したところ、「あなたは運がよかったのであって、そのまま夜逃げされた大家さんはたくさんいます。今度そのような事態となった場合は、一～二カ月分の家賃を免除してでも、速やかに退去していただく方がいいですよ」とアドバイスされてしまいました。

そうなのです。経営ということを考えれば家賃支払いの先延べはいけないと重々わかっているつもりなのですが、現実に目の前で土下座をされると、どうしても感情が先に出てしまいます。難しいものだなぁ……と感じた出来事でした。

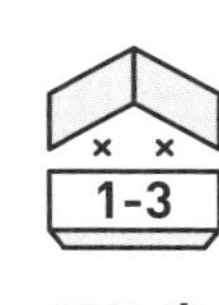

家賃滞納トラブル　その3
周囲をまきこんだ母子家庭の失踪

入居者は、小学校三年生のお子さんとお母さんの母子家庭で、役所から生活保護費を支給される生活保護世帯でした。しかし、実家が一ブロック隣の戸建てで、ご両親とも働いており、問題はなさそうなので入居を許可した経緯があります。

ところが、入居一年後くらいから家賃の支払いが遅れがちになり、その半年後には連絡が取れなくなることもあって、何度か保証会社に立て替えをお願いすることもありました。

●福祉課からの電話

そして入居して二年目に入ったころ、役所の福祉課から私に電話が入りました。この時、Aさんは一カ月分の家賃を滞納している状況でした。

役所「Aさんのアパートの大家さんですか。私は市福祉課の△△というものです。アパートに入居しているAさんのことで聞きたい事があるのですが。入居の確認でAさんを訪ねたのですがここ二カ月あまり不在で会えない状況が続いています。Aさんは確かに入居していますか」

私「Aさんにはしばらくお会いしていません。遅れがちではありますが、お家賃は頂いております。また、アパートの掃除に行ったときに息子さんがアパートの前で隣の子供たちと遊んでいましたよ」

役所「もし、電話をする機会がありましたら、役所に連絡を入れてくれるようにお伝えお願いします」

私「わかりました。Aさんは仕事が忙しいようでなかなか電話に出ていただけなくて、いつも留守電に入れて、あとで本人から折り返しを頂く場合が多いのです。このことも留守電に入れておきますね」

●今度は学校からの電話

さらにその翌週には、今度はAさんの息子さんが通う小学校から電話がありました。

小学校「私は小学校のカウンセラーをしている○○というものです。Aさんの息子さんがここ一カ月くらい登校していません。学校では心配して家庭訪問をしているのですが、お会いすることができていません。Aさんは確かに入居していますか」

私「家賃はお支払いいただいていますので、入居している状態となっています。お母さんにはここしばらくお会いしておりません。先週も息子さんがアパートの前で遊んでいるのを見ました。元気に走り回っているように見えましたので、病気ではないと思うのですが」

小学校「家庭訪問をしても、中にAさんがいるのか確認できません。Aさんが居住しているかどうか、大家さんが鍵をあけて確認することはできますか」

私「部屋の合鍵は持っていますが、Aさんの許可を得ずに中に入ることはできません」

小学校「Aさんには赤ちゃんもいました。赤ちゃんがよく泣いているという情報もお隣から聞いています。昨今、児童虐待などが取りざたされていますので、私どもとしてはそのことも確認したいのです」

私「話の内容はわかりましたが、このようなことで私が勝手にAさんの部屋を開けるわけにはいきません。Aさんが入居するときの連帯保証人はAさんのお母さんになっています。学校の方からAさんのお母さんに電話して、保証人として立ち会ってもらえるのであれば合鍵で部屋を開けることはできます」

小学校「わかりました。Aさんの母親を説得しますので、大家さんの協力をよろしくお願いします」

ということで、Aさんの母親にアパートに来ていただき、小学校のカウンセラー、市の福祉課職員も立ち会って、私が合鍵で部屋を開けました。電気と水道料金が未納になっているらしく電気も水道もストップしていました。

中には生活用品がそのままの状態で置かれており、退去したようには見えません。流しには洗いかけの食器が置かれたままで、いわゆる「夜逃げ」したような形跡はありません。この様子に一同ホッとしたようなお顔をしていました。私も中がどうなっているのか一抹の不安がありました。子供が中で倒れていたらどうしようとか考えてしまうのです。お母さんは、ご迷惑をかけたと平謝りに謝って、孫がどうなっているのか心配でたまらないと言っていました。

●煙のように消えた母子

その後、保証人のお母さんから連絡がありました。Aさんは新しい彼氏ができて、子供たちも彼氏のアパートで一緒に住んでいるとのことでした。Aさんとお母さんはひと月ほど前に大ゲンカをしたため、しばらく連絡を取っていなかったようです。私自身は、赤ちゃんがいることも知らなかったのでびっくりしました。私がAさんの息子をアパートで見かけたというのは、息子がアパートの近所の友達と遊びたいためわざわざ一人で来ていた時のことだったようです。

そして、滞納していた家賃と翌月分の家賃までをお母さんが立て替え、残った家財道具等はお母さんが業者にお願いしてすべて処分されました。部屋の中が特段に汚れていたり、設備が破損していたというようなこともなく、次の入居者もひと月もたたないうちに決まりました。

私自身が損害を被ったわけではまったくないのですが、Aさんとご家族はある日煙のように消えて、一度もお会いすることもありませんでしたので、なんとなく腑に落ちない解約となりました。

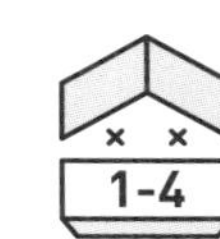

家賃滞納トラブル　その4

急に音沙汰がなくなった!?

ある単身の入居者の方でしたが、突然に家賃の支払いが滞るようになりました。電話しても出ませんし、留守電に吹き込んでも折り返しがありません。部屋を訪問しても電気もついておらず、ドアを叩いても返事がなく人の気配もありません。手紙をドアの郵便受けから中に入れておきましたが、それでも依然として電話はありませんでした。すでに一週間が過ぎています。**私がもっとも恐れることは、入居者さんが体の具合が悪くなって倒れているのではないかということです。**まだ四十代の男性でしたが心配しないわけにはいきません。

保証人のお兄さんに電話すると、「最近会っていない」とのことです。私はとりあえず、ドアと壁のあいだに手紙をテープで貼りつけました。手紙をはがさなければ中に入ることができないので、もし部屋に帰っているのであれば一目瞭然です。

次の日、本人から電話がありました。二週間ほど前に、夜中に具合が悪くなったので自力で病院に行ったところ、入院するように言われたとのことでした。内臓の病気で緊急性はないものの、入院して治療するように医師に勧められたとの話です。

しかしながら、入居者が電話してきたのは、私がドアに手紙を貼り付けたことにひどく腹を立てていたためでした。他の住人に見られたら恥ずかしいとのことです。

入居者「私の部屋のドアに紙を貼ったのはなんですか。みっともないでしょ。私に連絡すればいいことではないですか」
私「何度もあなたに電話しました。保証人のお兄さんにも電話しましたので、お兄さんの着信も入っているはずです」
入居者「病気だったのだからしかたないでしょう。病院から電話できないでしょう」
私「家賃の滞納で連絡がないことも困りますが、単身の入居者さんについて家主が最も気にかけるのは何だかわかりますか。もしあなたが中で倒れて、命にかかわるような状態にあったらどうしようということなんですよ。とりあえずは電話連絡ぐらいしてください。心配だからという理由で、私が独断であなたの部屋に入ることもできないのです」

このように話すと理解はしていただけたのですが、それでも入居者さんは「自分は病気なのだから、大家さんは配慮すべきではないか」と主張するのです。それで、少し厳しい言い方にはなりましたが、私はこのようにお話ししました。

「あなたのご病気には同情しますが、**私とあなたは親戚でもなく、友人でもありません。契約で結ばれた大家と入居者の関係です。**お互いに契約をしっかり守って、気持ちのいい関係を保つようにしましょう」

これでようやく、病気による滞納トラブルは落着しました。

お隣がうるさくて耐えられない！騒音トラブル

アパートなどの集合住宅の場合、当たり前のことですが、それぞれの入居者は他人同士で、生活サイクルや趣味・嗜好なども違います。

そんな他人同士が、壁一枚・床一枚を隔てたなかで、お互いに気を使いながら生活していくこととなります。そのため、ちょっとした不注意で出した音がきっかけで誤解を生じ、トラブルとなりがちです。

集合住宅ですから、それぞれの入居者がどれほど注意をしていても、生活音はいくらかは響いてくるものです。よって、入居にあたって私が不動産屋さんにお話ししてもらうようにしているのは、各設備の利用上の注意とともに、禁止行為としてテレビやステレオなどから大音量を出さないようにしてもらうこと。音については特に気をつけるようにしています。

なぜなら、**各人によって音に関する感受性は大きく違いがあります**から、入居者同士で誤解を生む原因になることが多いのです。

私自身、独身時代に住んでいたアパートでこういう経験をしました。

隣室には新婚のご夫婦が住んでいたのですが、そのお宅に赤ちゃんが誕生しました。赤ちゃんの大きな泣き声が私の部屋にも聞こえてくるようになったのですが、私は全く気になりませんでしたし、睡眠時間や生活にもまったく支障はありませんでした。しかし、隣室の母親は私に会うたびにかわいそうなくらい恐縮して謝ってきたのです。

それぞれの子供のころからの生活環境や性格にもよると思いますが、ある人には何でもない音が、ある人には耐えられない騒音になるのです。

そこから生まれたトラブルの実例をご紹介します。

騒音トラブル　その1

初めての一人暮らし

初めてアパート暮らしを始める学生さんは、必ずといっていいほど騒音トラブルを引き起こします。そうした人が入居してくる場合は、必ず不動産屋さんに、「今まで住んでいた戸建てとアパートの違いを特別にお話ししてください」とお願いしています。

しかし、それでも初めての一人暮らしは、隣の住人から何度も注意を受けてしまうのです。おおかたの場合は次第に本人が気を付けるようになっていき、長いトラブルとはならないものではありますが……。

親元を離れて自由になると若さもあってハメを外したくなります。新しい友人ができて、部屋で飲んだり食べたり、お酒が入るとなれば、本人らも気付かない間に大きな音を出しているのです。私も学生の時にこっぴどく叱られた経験がありますが……。

ただ、こうしたケースには特効薬があります。学生さんの場合は親が保証人になっているので、ご両親に「今後このようなことがあった場合は、即刻退去していただきます。また、騒音が理由で隣室が退去した場合にはそれなりの保証をしていただくことになります」と電話するのです。これはかなりの効果があります。

私のアパートの場合は、隣室との壁にコンクリートが入っていますので、よっぽど大きな音でなければトラブルにならないと思うのですが、これも音の程度と入居者それぞれの感受性の問題となります。

私は、アパートの空室に入ってリフォーム作業をしていたときの体感から、**音を立てる人はいつも同じ人で、他の住人は我慢しているのかもしれない、と思ったことがあります。**

ある時、騒音の原因と思われる入居者に注意をすると「まったく思い当たりません」との答えが返ってきたこともありました。仕方なく「知らない間に大きな音を出している場合もあるので、注意するように」と話しますが、あまり効果はないようです。

長期に入居している人に「うるさくないですか」と聞いてみると、その方は苦笑いして、「あの人ね。もう慣れました」との返事です。私が知らない間に、イライラしながら暮らしていた人もいたのかなと反省するばかりでした。

しかし、騒音を出している本人にその意識がないのですから、その人を退去させるのもなかなか厳しいものがあり、アパートでの騒音問題は本当に難しいな……と感じています。

騒音トラブル　その2

まとめて洗濯するな！

「隣室の洗濯機の音がうるさい」という苦情を言ってきた方がいました。

話をよくよく聞くと、休日のお昼ごろに隣室の独身男性が洗濯をまとめてやっているそうで、四時間ほどは洗濯機が回りっぱなし、うるさいのでやめさせてほしいとのこと。

この方の言い分は「洗濯はこまめにやるべきで、休日に大量にまとめてやるべきではない」。さらに彼に生活指導をしてやってほしいと言うのです。

そのようなことは私にはできませんし、する気もありません。その隣人が言うには、「この人はアパートの玄関で、私があいさつをしても、あいさつもしないのよ」と言うのです。社会常識を知らないから、休日に騒音を出しながら洗濯機をずっと回していても平気な人なのだと言うのです。

こんな時に、人によって感じ方がまったく違うものだと痛切に感じさせられます。顔を合わせたときにあいさつをしなかったというほんの些細なことが、不満となって残り、このような結果になったのでしょう。

もしかしたら、あいさつをされた時に何か考えごとをしていて応えられなかったのかもしれませんし、もともとあいさつをする習慣がなかったのかもしれません。

うるさいと言ってきた隣人にも難しいところはあるとは思うのですが、もしその人に愛想よく声をかけていたり、引っ越した当日に菓子折りでも持って伺ったりしていれば、このようなトラブルは起こらなかったかもしれないなぁ……と感じたりします。

闘う大家さん奮闘記 ゴミ処理トラブル

私が、アパートを管理する上で重要だと思っていることのひとつは、アパート周りをいかに清潔かつ美しく保つか、ということです。もっと言えば、アパート周りを繰り返し掃除すること。これに尽きます。

中古の古いアパートでも周りがいつも清潔できれいに保たれていれば与える印象は大きく違ってきます。入居率も確実に上がってきます。**まずは掃除、掃除、掃除です。**

しかし、そこに立ちはだかる難題、それはアパート各部屋から出てくる生活ゴミです。

私の所有するアパートの地域では、おおむね五種類に分別して出すという決まりになっています。ビン類、カン類、燃やせるゴミ、燃やせないゴミおよび資源ゴミ、など。入居者による分別が適切でなかったり、またそのようなゴミを指定日や指定時間外に出してしまうと、いくら私がきれいにアパート周りを掃除してもすぐに散らかり、不潔な印象を与えてしまうのです。これはアパート家主の多くの人が抱える悩みのひとつだとも思います。

どうすれば、入居者さんが自主的に正確にゴミの分別を行ってくれるのか、指定日をきちっと守ってもらえるのか、本当に悩み、いろいろなチャレンジとともに失敗を繰り返してきましたが、**後々にこの対策や考え方が全く無駄であり、間違っていたと気づきました。**

まずは当時、実際に私が取った方法を以下に挙げていきます。

ゴミ処理トラブル　その1
張り紙も効果なし！　分別とゴミ出し日

ある日のことです。私が週に二回の見回りを兼ねた、軽い掃除に所有アパートに来てみますと、エントランス周りに生ごみが散らかり異臭がしていました。ゴミ出し日が守られていない生ゴミが野良猫によって散らかされているのです。せっかく季節の花鉢で飾ったエントランスも台無しです。
その時の私の対応はこのようなものでした。

当時の私の判断

段階1　張り紙をする。

いつもの倍の大きさの用紙に、大きな赤いマジックででかでかと注意書きをした紙を、ゴミ置き場に張り出しました。

その結果、**全く反応がありませんでした。**相変わらず一部の入居者は指定袋ではなくスーパーのレジ袋でゴミ出しをしますし、指定日以外に

「ゴミを適切に分別しましょう」

「ゴミ出し日と出す時間を守りましょう」

出す入居者もいます。そうなるとネコやイヌなどの動物が荒らすので、アパートの周りがゴミで散らかってしまっています。

そこで次に取った対応は、

段階2　もっと厳しい張り紙をする。

ドキドキしつつ少しばかり脅したつもりで張り紙をしましたが、これでも、全く改善の兆しは見えません。

入居時に交わす契約書には、ゴミの分別などの決まりを遵守することが注意書きされて、特別な説明もなされています。しかし、この決まりを守らないからといって退去まで言及するのは少し厳しすぎる感もあり

「ゴミ出しの決まりが守れない場合は退去の対象となります」

「特定できた段階で即、退去してもらうこととなります」

ました……。それで、今度はやり方を変えて、

段階3　無分別ゴミをエントランスに放置する。

入居者全員に向けて、分別方法と指定日が示された資料、そして「ゴミの分別等のお願い」という手紙を配りました。さらに、**分別されていないゴミ、あるいは指定日以外に出しているゴミを入居者の目にさらすことにしました。**恥ずかしい思いをすれば心を改めるのではないかと思ったのです。

私としてはペナルティのつもりでしたし、一部の入居者からは「こんなひどいゴミ出しをする人もいるのね」と共感する意見もありはしたものの、ゴミは依然として放置されたままです。出した人は自分のゴミとわかるはずですが、だからといって片付けられることもなく、結局、約二週間の放置の後、私が自分で片付けました。

自分のアパートが見苦しくなるだけで、効果はありませんでした。

さらに入居者の中からは、「一部の規則を守らない入居者のために、私たちにいやな思いをさせるのは、筋違いである」との意見も出てきたのです。その通りだと私自身も思いま

すし、大多数の入居者には迷惑をかける結果となり申し訳なかったと思いました。

段階4　部屋ごとにゴミを出す場所を決める

次いで考えついたのが、ゴミ置き場に一二戸の部屋ごとに番号を記入したラインを設けて、指定した場所に出してもらうことでした。こうすればどの部屋の入居者が規則を守っていないのか一目瞭然です。

いい方法を思いついたと自分では思っていたのですが、ふと考えてみると、指定された場所を全入居者が守ってくれるとは限らないことに思い当り、結局のところ実施は見送りました。否定された場合には追及ができませんし、それによってお互いの信頼関係を壊す可能性もあります。

最終判断

そのように試行錯誤を繰り返した結果、今どうしているかと言いますと。

今でも、**私が分別をし直し、周りの掃除を行い、場合によっては残ったゴミを持ち帰って処分するなどして、アパート周りを清潔に保っています。**

一括して専門業者にゴミ処理を依頼をするという方法もあります。私の隣のアパートも業者が日を決めてゴミを回収していきます。しかし、業者はゴミを持っていくだけで、掃除をするわけではありませんから、ゴミ置き場の周りは汚いままですし、エントランスの周りなどを掃除してくれるわけでもありません。

考えてみると、掃除にかかる時間はほんの一五分から二〇分程度です。ついでにエントランスの掃除やメールボックスの掃除などを行いながらアパートを清潔に保つ方が合理的です。規則を守ってくれない入居者には腹が立ちますが、業者に支払うコストなどを考えると自分でさっさとやってしまった方がいい、という結論となったのです。

今ではいかに感情を入れず機械的？に、かつ効率よくできるかに集中して掃除をすることにしています。

ゴミ処理の問題は、多くの大家さんを悩ませています。もし、あなたが、『アパート入居者が自主的にゴミを完璧に分別して出すようになる方法』という本を書いたり、そのようなマニュアルを開発できたのなら、大金を手にできるかもしれません。大家さんはこのマニュアルを最低でも五万円以上では購入するでしょう。少なく見積もっても、全国の大家さんの五〇〇〇名が購入するとなれば売上は二億五〇〇〇万円となります。ゴミ取り扱いのノウハウとして、全国の市町村長からゴミ処理の指導依頼が殺到するでしょう。たぶん数十億円単位の価値になると思います。

大げさに聞こえるかもしれませんが、これほど、ゴミ処理問題は各方面で大きな問題となっているのです。

3-2

ゴミ処理トラブル　その2

個人情報の保護、それとも？

ゴミ処理は、色々な問題を含んでいるという一例を紹介します。

ある日、私がゴミ置き場を掃除しようとすると、分別していないゴミ袋の中に入居者の名前がわかるものがありました。袋の口も結ばれていません。この名前の入居者は常日ごろから私を見かけると、よく声をかけてくれる気さくな方です。

ゴミ袋に個人の名前を見つけるのも珍しいことですので、私は不思議に思いながらも、袋にいっさい手を触れずに、軽い気持ちで入居者に電話をしました。たまたま、本人が部屋にいて電話に出ました。

私「大家ですけど、今、ゴミ置き場を掃除していると分別していないゴミの中にあなたの名前がありました。確認していただけますか」

入居者「わかりました、すぐに行きます」

この方は散乱したゴミ袋の中に自分の名前があるのを見て、

入居者「私はちゃんと分別して出したのですが、どうしたのでしょうか。身に覚えがないのですが」

私「そうですか、誰かがゴミをあさった可能性もありますが、今、私が見ると袋の中が分別されていないように見えます。今後とも分別をお願いします。ゴミを荒らす人もいるようです。袋の口はしっかり縛るようにお願いします」

入居者「わかりました」

と、特にそれ以上のことを会話することもなくその場を済ませました。アルミ缶を換金するため回収している人たちがいることは知っていますし、実際ゴミ場を荒らしてそのまま放置されていたこともありました。今回もこの人たちがやったことかもしれない、とも思いました。

すると約一時間後、その入居者のお父さんから私に電話が入ってきたのです。

父親「娘が自分のプライベートを見られたと泣いています。大家さんは、入居者のゴミを開けて見る権利があるのですか」

私「私は娘さんが出したゴミ袋を開けていません。そのことは娘さんにもお話ししました。

全く触らずに私が発見したその状態で娘さんに見てもらいました。縛ってなかったので袋の中に名前が見えたのです」

父親「うちの娘はそのようなことをする子ではない。うちの娘は悪くないので、あなたは娘に謝るべきだ。あなたはうちの娘を信用すべきだ。娘は、分別してゴミを出したと言っているのだから、あなたは信じるべきでしょう。どうして信じることができないんだ。あなたの言葉で私の娘はひどく傷ついている。あなたの責任だ」

私「お父さん、落ち着いてください。私にはあなたの娘さんがゴミの分別を正しくしたかどうか判断できません。見たそのままをお互いで確認し、告げただけです。私は娘さんのゴミを開けていませんし、いっさい触っていません。そのゴミも娘さんが自ら片付けました。ゴミをあさる人がいることもお話ししました。厳しく追及したつもりもありませんし、その気もありません。ご理解ください」

分別されていないゴミは通常の場合、回収されませんから、放置されれば散らかって困るので、私が新たに分別し直します。たまに、無分別のゴミの中に入居者の領収証を発見することがあります。この場合、私は「ゴミの分別をお願いします」と電話で告げるだけです。カンニングを発見された子供といっしょで、本人は自分がやったことですから話の内容をすぐ理解してくれますから、これ以上言う必要もありません。

しかし、常時分別をしないでゴミを出す確信犯の入居者はそのような尻尾を出しません。しっかりと名前の部分は見えないように破ったり、マジックで消してあります。

しかしながら、ゴミの中には入居者のプライベートな情報が入っていますし、個人情報保護といった問題も絡んできます。

また、昨今の入居者は自らの権利に関して敏感です。個人的な意見としては、立派な大人が、自分にかかることを父親から話させるということも情けなく思ったりしますが、私が指摘することでもありません。

結果として、父親の要求通り私は謝りの電話を入居者に入れました。私が間違った行動をしたとは思っていませんが、私が謝った方が一番早く解決しますし、その後も入居者さんといい関係が築けます。私はアパートを経営をしているのであって、正しいか正しくないかを議論する気もありません。このようなことは法的な問題ととらえず、「人間」対「人間」なのですから、相手の状況を考えて冷静に対応すればいいと思います。

この入居者さんが適正にゴミを出していたとしても、また、無分別に出していたとしても、**どのような対応を取ればその後に気持ちよく分別してくれるのだろうと私は考えるのです。**大家さんの中には「入居者にしっかりと教えるべきだ」とおっしゃる方もいらっしゃいますが、私はそのようなことは現実的に不可能だと思っていますし、私の仕事ではないとも思っています。

完全解決は難しい？ 駐車場トラブル

アパートには駐車場がついている場合が多いものです。そして、立地によっては駐車場をめぐるトラブルが多発します。賃貸借契約では駐車場の管理は入居者が自ら行うこととなっていますので大家が責任を取ることにはなりませんが、なんらかのトラブルが発生して入居者が困っている状況を考えると、大家も積極的に対策を考えなければならないわけです。駐車場をめぐるトラブルは双方が感情的になりがちで、根本的な解決は難しい場合もあります。そんな事例をここでは紹介したいと思います。

駐車場トラブル　その1
来客が停めてしまった

近辺に駐車場が少ないため、私のアパートへ、住人のところにきたお客さん、あるいは近隣アパートのお客さんが駐車してしまう場合があります。こうしたケースでも通常はクラクションを鳴らすと停めた人がそれに気づいて車を移動しますので大きなトラブルとはなりませんが、いつも決まった時間に同じ車の駐車があったり、クラクションを鳴らしても反応がない場合には深刻な問題となります。

さらに、入居者が帰宅してきたのに停められなかったり、仕事の都合などで急いでいたりすれば、必要以上に感情的なトラブルに発展することもあります。

あるとき、私のアパートで駐車契約をしている入居者から電話がありました。別の入居者のところに来ていたお客さんが、契約していない場所に車を停めたのです。

現場に駆けつけて双方の話を聞いてみると、激しい感情的な言葉のやりとりで、どちらも一歩も引かない状況となっていました。

迷惑駐車をした者が間違いなく悪いのですが、**売り言葉に買い言葉、とでも言うのでしょうか、その時の注意の仕方で揉めているのです。**何らかの理由でたまたま双方とも機嫌が悪かったのかもしれませんが、迷惑駐車をしたことが原因のはずが、いつのまにか言葉のあやというか、お互いが口に出した内容での争いになっていました。

結果として、**私が、契約している入居者に一カ月分の駐車料金を支払いました。**もちろん大家の義務ではないことは承知していましたが、入居者間の感情的なもつれが続いていくことを危ぶんだのです。私が損を引き受けることで、主張する損害や権利がなくなってしまえば、双方とも我にかえって気持ちがおさまっていくものです。そうしてこの件は無事に解決を見たのでした。

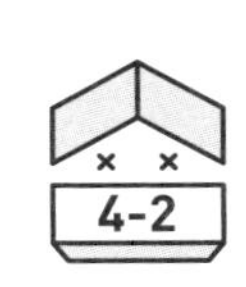

駐車場トラブル　その2

見知らぬ車が頻繁に停まっている

近隣に大型のレストランがあり、そこのお客さんが頻繁にアパートの駐車場に駐車するというケースがありました。その飲食店には専用の駐車場があるのですが、レストランから少し離れているため、私のアパートに駐車してしまうようです。

私は、レストランの支配人に状況を説明し、速やかに対策を取ってもらうようにお願いしました。店舗入口に駐車場の見取り図を掲示したり、入店するお客さんに駐車場所のチラシを配ったり、口頭で言ってもらったり……。

その結果、迷惑駐車の件数は減りました。しかし、**駐車場トラブルは「回数が減ったから解決」というたぐいのものではありません。**駐車される側にとっては、回数が減ったから少々我慢すれば済むわけではありませんし、停められない場合があれば解決したとは言えないのです。迷惑駐車はゼロにしなければ本当の解決とは言えません。実際の対策としてはレストランから私のアパートの駐車場に侵入しにくくなるように簡易な障壁を置きました。

駐車場トラブル　その3
警察へ相談するも…

アパートに見知らぬ車が定期的に駐車しているというケースがあり、警察に相談したことがあります。そこで言われたのが、駐車場なので道交法違反ではないこと、民事不介入の原則で警察は介入できないとのことでした。大家としては、大きなトラブルにならないようにできるだけ事前に解決したいと伝えると、「駐車している車のナンバーから持ち主を割り出し、警察が連絡を取ることはできる」ということ、さらに「警察に相談していただければパトカーで巡回指導することは可能」とのことでした。

巡回はかなり人目を引きます。しばらくアパート前にパトカーが停まっているだけで、入居者や近所の住人が出てくるほど注目度は高く、さらに緊張した雰囲気が漂います。それによって迷惑駐車の抑止力にはなるでしょうが、まるで私のアパートで何らかの犯罪が起こったようでもあり、いい気持ちとは言えません。**警察に協力をお願いするのは最後の手段だと考えた方がいいと思います。**

たとえば、入居者が緊急に駐車する必要性があり、さらにほかの対処方法が考えられない場合には、私は、警察に相談するようにと入居者に言っています。この場合は、「私の駐車場に不審な車が停まっているので見てほしい」とお願いすれば、例えば車両ナンバーから持ち主を割り出し、警察から確認の電話を本人に入れていただくことで解決する場合もあります。実際に不審車の可能性もありますので、この方法はありだと思います。ただしその場合、１１０番ではなく最寄りの駐在所や警察署へ、相談として電話することが大事です。

いずれにしても、駐車場をめぐるトラブルに抜本的な対策はないように思います。そのときどきの状況に応じて、工夫して対策を取るしかないのかもしれません。

摩訶不思議なできごと

アパート経営を長く続けていると、摩訶不思議というか、鬼気迫るというか、思いもよらない出来事に遭遇することがあります。そうした問題を解決するために、時には探偵まがいのことをしなければならない場合もあります。

思わず笑ってしまうような結末を迎えるものもあれば、ハラハラドキドキで心臓に悪いものまで。私が実際に体験したうちの一部をここでご紹介いたします。

摩訶不思議なできごと　その1
原因不明！　謎の異臭騒ぎ

騒ぎは、ある二〇代の女性入居者の部屋で発生しました。台所あたりから異臭がすると言うのです。ガス漏れの可能性も考えられます。命にもかかわることですから、至急、ガス屋さんに連絡して調べてもらいました。ところが、検知機も反応していないし、ガス漏れはないとのことでした。

しかし、依然として異臭は続いているとのことです。そこで、私も部屋に入れてもらい、調べてみることとしました。すると、確かに異臭がします。臭いは薄いのですが、確かに台所の流し辺りから腐敗臭がするのです。通常、臭いが発生するのは、トイレの排水口か流しの排水口ですが、丁寧に掃除がされており、そこからはまったく臭いません。

次に疑ったのが換気口です。

以前、ある部屋で、ヒヨドリが換気口に巣をつくり、詰まってしまった事例がありましたから、今回も同じようにヒナが死んでしまって異臭を放っているのではないかと考えたのです。しかし換気扇にはなんの異常もありませんでした。

臭いの発生元が室内でないとすれば、もしや外から臭いが侵入しているのではと思いました。流しの向かい側には小さな窓がありますので、アパートの外を調べてみましたがそこにも異常はありません。しかも、窓を閉めきっても臭いはしてきます。私と入居者は首をひねって考え込んでしまいました。

そこで、私は自分の臭覚を信じて、発生元をもう一度探してみることにしました。目を閉じて、ひとつひとつ再度嗅いで回ります。

すると、どうも、流しと冷蔵庫の間に積まれている小さな箱の近くから臭いがする気がしました。そこで四つの箱を開けて調べてみましたが、とりたてて異常はありません。そして、箱を取り除いても臭いは依然として漂っています。

そうなると、残るのは冷蔵庫だけです。冷蔵庫を引き出してその後ろを調べてみましたが何もありません。ところが、そうすると臭いもなくなりました。不思議に思い、冷蔵庫を戻すとまた臭ってきたのです。

そこで、冷蔵庫の後ろを嗅いでいくと、ついに腐敗臭の原因を発見しました。冷蔵庫の後ろの水受けに小さな昆虫が死んでいたのです。どうやらカブトムシのようです。水受けを開けると悪臭があたり一面に漂いました。水受けは、ふたがありますので、中が見えなかったために見過ごされたのです。

原因は、一週間前に遊びに来た入居者の甥っ子が部屋の中で逃がして行方不明になっていたカブトムシでした。通常はミイラ化して干からびるのでしょうが、冷蔵庫の後ろはほど良く温かく、また水分があるので腐敗して異臭が発生したようです。

これを発見した時は入居者とともに大笑い。まるで難事件を解決したかのような気分で、私は部屋をあとにしました。

小さなことではありますが、入居者さんにとっては毎日暮らしている部屋からの異臭は気味が悪いものです。ガス漏れでもなく、鳥のひなやネズミなどの小動物の死骸でもなく本当に良かったと思いました。カブトムシには気の毒でしたが。

摩訶不思議なできごと　その2

持病のある入居者、部屋で何が？

ある夏の日の午前九時ごろ、入居者の勤めている会社から私に電話が入りました。

会社の同僚「私は、Bさんが勤めている会社の同僚で△△という者です。Bさんは、昨日から出勤がなく、今朝も出勤してなくて連絡もありません。Bさんはおととい私と一緒にかなりお酒を飲んで帰ったので少し心配です。家族にも電話をしたのですが、ご家族にも連絡がないようです。ご家族の方もアパートに向かうということなので、大家さんも鍵を持ってアパートに行ってもらえませんか」

この入居者は、いつもニコニコ挨拶してくれるがっちりした体格の五〇代前半の男性です。アパート近くに勤務先があり、残業が多いため平日はアパートに寝泊まりし、土日には、家族のもとに帰るという生活をしていました。

私がその実家に電話を入れると娘さんが出ました。

娘さんはこう話します。「父は普段から血圧が高く、以前にも倒れたことがあります。もしかしたら、部屋で気を失って倒れているかもしれません。二日もたっているのであれば安否が心配です」

その声は今にも泣きだしそうです。私の心臓はバクバクと激しく打ち始めました。「えらいことになったぞ」と心の声が繰り返しています。とにかく、鍵を持ってアパートに向かうので部屋の前で会いましょう、と話し、電話を切りました。

大急ぎで出かける準備をしながらも、警察に電話して立ち会いのもとで鍵を開けるべきではないのかとか、中に死体があった場合に最初にすべきことは何なのかとか、頭の中でグルグルと考えていました。車を飛ばしながらも、事故を起こさないように「落ち着け、落ち着け」と何度も言い聞かせながら大急ぎでアパートまで駆けつけました。三〇分ほどの行程です。

部屋の前に来てみると誰もいません。急いで鍵を開けて中に入ってみても入居者もいません。さらに入居者の実家に電話しても誰も出ませんでした。私は狐につままれたように立ちすくんでいました。自分の車でボーッとしていると約三〇分後、今朝、私に電話をくれた同僚から着信がありました。

話の内容は次の通りでした。

・救急病院から会社に電話があり、Bさんがおとといの夜から入院していたこと。
・Bさんはおとといの夜、急に気分が悪くなり自分で救急車を呼んだということ。
・本人がそのまま意識を失ったため、持っていた名刺から会社に連絡が入ったこと。
・現在は血圧等も安定しており、命に別条はないこと。

などでした。ご家族も連絡を受けてまっすぐ病院へ駆けつけたため、部屋には誰も来ていなかったのです。その後、ご家族から迷惑をかけたとのお詫びの電話がありました。

退院後、ご本人にお会いした時には照れくさそうにしていましたが、何事もなくてよかったと、私は心底から思ったものです。

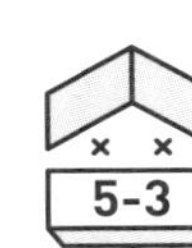

摩訶不思議なできごと　その3
家の神様の声が聞こえる

私は不動産経営を始める時に、はじめから土地を所有していなかったので、必然的にアパートを新築するのではなく、中古物件を購入することになりました。

中古物件が売りに出される時というのは、一般的に、売り主さんが金銭的な事情を抱えていることが多く、心身ともに忙しい状況にあるためか、掃除などが十分になされていない場合がほとんどです。そのため、中古物件を購入してから最初にする仕事は、アパート内外の大掃除となります。掃き掃除をしたり、草を刈ったり、ペンキを塗ったりと、一～二週間ほどかかりますし、ある時はゴミ袋で三〇袋以上のゴミを出したこともありました。

汗をかきながら黙々と作業をしていると、ふと何か聞こえるような気がするのです。感じると言った方がニュアンスがぴったりくるのかもしれませんが、**「ありがとう」と私には聞こえるのです。**私はこのようなときにはいつも、妻に「この家の神様が喜んで、ありがとうと言っているよ」と話しますが、妻は「また、あなたの変な話が始まった」と笑います。

そうなんです。自分でも少し変わっていると思うのですが、その時の会話はこのような感じです。

〈私と物件の家の神様との心の中の会話〉
物件「きれいにしてくれて、ありがとう」
私「こんなに汚れて、大変な思いをしたね。もう大丈夫だよ」
物件「ありがとう。清潔になると、とても気持ちがいいです」
私「わかった。これからは、いつもきれいにするようにするからね。だから、君にひとつだけお願いがあるの。こんなにきれいになったのだから良い入居者を引きつけてね。部屋をきれいに使わない人だったら、気に入られないようにしてね」

物件「そうだね。いい人が見に来たら、印象よくするようにするよ」
私「頼むよ」

と心の中でぶつぶつとつぶやきながら掃除をしています。

私は、特定の宗教を信仰していないので、私が「家の神様」と称している神様というものも特定の存在ではなく、例えて言うなら、かわいがっているペットに呼びかけているような感じでしょうか。

アパートをきれいにしていると、荒れて汚れている物件であればあるほど、雑巾が真っ黒になればなるほど、危険にさらされていた物件を救ってあげたような気持ちになります。ある種のヒーローになったような錯覚なのかもしれませんが、それが嬉しいのです。

また、利用率が悪かった物件をきれいにすることで、最大限にその能力を発揮できるようになったわけですから、われながら何となく誇らしく思うのです。

誰も知らないけど「私がこのアパートを救ってあげたんだ」という思いと言いましょうか。このようなことも、中古アパートを購入する私なりの醍醐味のひとつでもあります。

アパートの内外がピカピカにきれいになれば、現在の入居者、そしてこれから入居する人も喜んでくれるのではないか。多少の疲労感がありつつも、「今日のビールはうまいぞ」と思いながら、掃除に励んでいます。

アパート経営、ココロの持ち方

入居者の中には、どれほど良いように解釈して考えても、理解できないほど理不尽な要求をしてくる方がいます。しかも真顔でです。

人それぞれ、生い立ちやこれまで経験した事柄、置かれている立場は違うのですから、必ずしもその方が間違っていると決めつけることはできません。しかも私は教育者でもなければ宗教家でもなく、商人（経営者）ですから、何か問題が発生したとしても、相手が誤っているなどと指摘することなく、自分の心を傷めることなく、話の持っていき方や、時には金銭で、その人を満足させて、解決するものだと思います。難しいことではありますが。

ところで、**経済的に成功している人の本には「テレビは見るな」ということがよく書いてあります。**

テレビ、特に悪いニュースなどは、心に悪い情報を与え、知らない間にダメージを与えるからだと言われています。健全で積極的な心を守り、かつ維持するために、心が傷つかないように意識して守ってあげないといけない、ということです。

しかしながら、日々の人間関係の中ではどうしても心が傷ついてしまうことがあります。特に、継続的に不特定多数の人々へ対応することが求められるアパート経営は、心を傷めてしまいがちです。心が傷つくと、すさみ、周囲の人間の心も傷つけてしまうこともあります。負の連鎖が始まって前向きな気持ちも萎え、経営にも悪影響が出ます。

もちろん、自分の心なのですから、**自分の責任において繕ってやらなければならないのです。**

そこで、自分のココロを傷めない考え方のひとつとして、次のようなことを考えてみたいのです。

今から話すお話は、私の娘から聞いた実話です。
娘を仮にM子としておきます。

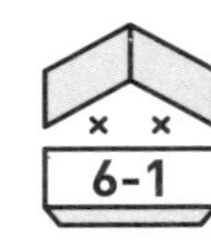

娘の経験談から

M子は、学校から帰宅するために、いつものように路線バスに乗っていました。降りるべきバス停に到着したので、料金箱にお金を入れて、バスのステップを下りたところで、この事件は発生しました。

後方三〇メートルほど離れたところから、バス停に向かって必死に走ってくる五〇歳前後のおばさんが見えました。両手にはそれぞれ大きな鞄とレジ袋を提げています。

M子は気付きました。このおばさんはきっと、このバスに乗りたいために必死で走っているに違いないと。不幸なことにたまたまこの時は、ほかに降りる乗客はなかったため、M

子が降りた直後にバスのドアは閉まってしまいました、

M子は、すぐにすでに閉まっているドアを自分のこぶしで、力いっぱいたたきました。ですが無情なことに、運転手はその音に気付かずにバスはそのまま走り出して行ってしまいました。気付いていない運転手の顔が遠目でもわかります。

M子が、行ってしまったバスをポカンと眺めて立っていると、おばさんがやっとバス停に到着しました。

次の瞬間、おばさんの言葉にM子の心は凍りついてしまいました。

おばさんは、荒々しく息をしながら、顔を真っ赤にし、目を吊り上げて大きな声で言ったのです。

「はあ！ なぜバスを止めなかったの、まったく役に立たないわね。あなた、私が走ってくるのわかってたでしょう！」

おばさんはそう言ったあともイライラした様子で、バス停の表示ポールを足で蹴っていたそうです。

この話を読んで、あなたはどんな気持ちになりましたか。

M子は突然のことで、何も言い返すこともできず、トボトボとした足取りで家に帰りつきました。おばさんの言葉が頭の中で嵐のように暴れまくり、冷静になれず、心は、大きくダメージを受けてボロボロです。楽しかった友達との会話や、帰ってから気合を入れて取り組もうと思った学科の課題のことも、どこかへ飛んで行ってしまいました。M子は、ふと我に返って考えてみると、なぜ自分があのような罵声を浴びせられなければならないのか、怒りがこみ上げてきます。M子は、自分の心を慰めるため、大きな声で「バカヤロー」と叫んで、「ああ最悪！」と何度も自分のカバンを壁に投げつけました。

ひとは皆、まるでバズーカ砲から発射する弾丸のような「言葉の凶器」を持っています。**その弾丸は、受け止める相手の心の一部を破壊します。**そうすると、破壊された側は、怖く、悲しく、つらいイヤな気持ちになります。いやな気持ちになった人は、耐えきれず、周囲の人に愚痴を言うことになるのです。その愚痴がさらに、別の聞く人の心にダメージの伝播を始めるのです。

●天使のこころ、神様のこころ

私は、遅れてきたおばさんのためにバスを止めてあげようとしたM子の心の配慮を「天使のこころ」と名付けました。また、相手の打ったバズーカ砲から自分の心を守る方法を「神様のこころ」と勝手に名付けています。

いやな思いをするぐらいだったら「天使のこころ」は使わない方がいい、ということではもちろんありません。「天使のこころ」は使えば使うほど自分の心も相手の心も豊かに健やかに成長させるし、楽しいと思うのです。でも、「天使のこころ」は、相手を思いやって行動している状態ですので無防備になりがちです。そのため、いつもよりさらに傷つきやすいのです。特に、社会経験の少ない若者は、純粋で傷つきやすいものです。

だから私は、**「天使のこころ」を使うときは、最初から「神様のこころ」を使う準備をしておくといいと思うのです。**

では、「神様のこころ」は、どこからくるのでしょうか。「天使のこころ」が個人のこころにあるのだから、「神様のこころ」はもっと広く人々全体のことを考えているはずです。

あなたのことも、私のことも。すべての人のことを考えているはずです。

つまり、バス停の事件の場合は、M子のことだけでなく、おばさんのことも、バスの運転手さんのことも、おばさんが走ってくるのを見ていた他の乗客のことも含めて、考えている「こころ」です。

私はよく、人にはそれぞれの都合がある、という言い方をするのですが。おばさんの今までの生い立ちや人生経験から、M子には理解することができない「都合」があるんだろうな、と思うのです。

M子はとてもいいことをしました。相手のために何かしてあげようと考えた時点で、もう百点満点です。おばさんの「弾丸」を「神様のこころ」で許してあげたうえで、また「天使のこころ」を活用して、人にやさしくし、自分を成長させようと考えた方がいいのです。この場合「おばさんは間違っているよ」と教えてあげる必要はありません。それはおばさんの「都合」なので、そっとしておいてあげましょう。

理想をいえば、おばさんは、ドアを叩いてくれたM子に、笑いながら「行っちゃったね。ありがとね」とだけ言えばよかったのかもしれません。バスが行ってしまったこと自体は変えようがありませんが、おばさんがユーモアを交じえて「もう少しやせなきゃね」とか言ったら、逆にお互い楽しくなったかもと思うのです。

自分の心は自分で守る必要があるのです。

私はこんなことを考えたりしますが。あなたのご意見をお伺いしたいところです。

●あらゆる悩みは対人関係に行きつく

どうしてこのような話をするのかというと、大家業は総じて人間関係業であるからです。『アルフレッド・アドラー　人生に革命が起きる100の言葉』（ダイヤモンド社　解説者：小倉広）の中で**「あらゆる悩みは対人関係に行きつく」**というアドラーの言葉が紹介されています。

どう好意的に解釈しようとしても理解できないほど、無理を言ってくる入居者さんがいます。感情的な言葉で私を攻撃することで有利な立場になろうとする方もたまにいます。

そういう時に、自分の「こころ」を守りながら相手に配慮していけば、それはそれで楽しいものですし、積極的な気持ちを失うことなく経営をすれば成果が上がるはずです。自分の「こころ」は、自分で守る方法を身につける必要があるのです（実際上は、若い入居者さんを自分の子供のように叱ってしまう場合もありますが……）。

哲学的な話になると、私自身が十分理解できていないと思いますが、私はこんなふうに考えながら、日々起こるさまざまな事態に対応しているのです。

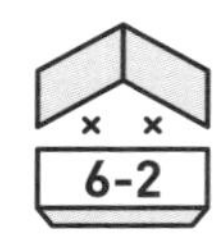

6-2 経験を通して思うこと

私は、すべての方にアパート経営を勧める気はありません。

不動産の投資本を読んでみて、これは楽しそうだ、やってみたいと思った人だけチャレンジしてみればいいと思うのです。現実的に、やっていて楽しくない仕事は長く続かないからです。私は今でも不動産に関する本を毎月のように購入していますし、また、同じ本を何度も読み返していますが、その都度、新たな気づきがあります。

●あらためて、アパート経営のメリットを考えてみると

- ・収入が比較的安定している
- ・実労働時間が少ない
- ・比較的競争が穏やか
（近年は新築棟数が増えたため、競争が厳しくなりつつある）
- ・投資の中では、自分の努力が収益に反映されやすい
- ・節税効果がある
- ・相続対策に優れている

●私が不動産投資をし、アパート経営で、実際に感じること

給与生活では、お金にゆとりのある生活は望めない。経営者は、給与生活者に比べて取るリスクが大きいが、その分収入も多い。給与収入者はリスクを取らないことがリスクだ

と言う人もいます。どういうことかというと、病気やけがをすると収入が断たれてしまうからです。

皆に平等に与えられた、でも限りのある「時間」というものを有効に活用するためには、自分の時間を生み出すことが必要です。これは給与生活者では無理なこと。給与生活者は、自分の能力と時間を会社に売っているのですから。

アパート経営の場合は、私の代わりにアパートが働いてくれています。一棟一棟が私の分身のように稼いでくれます。また、電気屋さん、水道屋さん、不動産屋さんなどにアウトソーシングすることができます。

幸せな生活をするためには、ある程度のお金が必要です。お金がないと幸せになれない。ただし、**お金があれば幸せというわけではない。**お金で幸せは買えないが、大切な人をお金で助けてあげることはできる。

経営者は、お金についての勉強が必要である。いずれにしても、幸せになるためには、お金についての勉強が大事です。

最近はお金についてのいい本、たとえばロバート・キヨサキ、シャロン・レクター著の

『金持ち父さん　貧乏父さん』（筑摩書房）など、有名ないい本がたくさんあります。一般的にはお金について勉強することを勧める親は少ないですし、社会に出るとその機会はより少なくなるように思います。親がお金の話をする時はだいたいの場合、「お金がない」という場合です。無駄遣いをやめなさいとか生活が苦しいだとかの話です。また、お金の話は下品であるかのように考えている人もいます。そのため、お金の重要性について話をすると大体の場合はイヤな顔をされます。実際はお金は単なる貨幣であり、生活する手段です。

●自分のミッションとは何か？

また、お金については、稼ぐのと同じくらい使う方法が大事だと言われています（まずは稼がないと始まりませんが）。学校は、給与生活者になるのがあたりまえのように教えていると私は感じます。

経営者は、給与生活者よりも、種類でも質でも学ぶことが多いです。社会的な役割（ミッション）を実感できる分、社会への貢献を明確にしておく方がいいと思います。

私のミッションは、「入居者へ快適な住居を提供することにより、入居者の生活の安全、安定と幸福を創造する」こと。それで社会に貢献する。そんなふうに勝手に考えています。もちろん十分達成されているとは考えていませんし、課題も多いのですが、ただ、そのことが私の役割・使命だと考えると経営の方向性がわかりやすいと思います。自分自身も楽しくなります。経営で何らかのアクションを起こす必要が生じた場合に、まずは収益性や継続性などから考え始めるわけですが。**仮にこのアクションが私のミッションを満たさないのであれば、私の経営方針からは外れているということになります**から、結果としていかに収益的に魅力があっても実行しないということになります。

不動産経営は、毎日の動きはゆっくりですが、順調にいくと、（大きな利益ではなくとも）確実に収益がもたらされます。じっくりとした長期的な考えに基づくところは私の性格に合っていると思いますし、実際、これまで楽しく経営ができています。こうしたリズムに自分の性格が合っていると思われる人は不動産投資に向いているかもしれません。

●大家さんがテレビを見ていると

家でなんとなくテレビを見ていても、不動産に関する内容が出てくると、私は思わず集中して見てしまいます。それが、たとえば不動産業とは無縁のドラマだったとしても、ストーリーとはまったく関係ないことが気になっておもしろくなってくるのです。

ドラマの主人公が、素敵なマンションの一室で彼女に愛を告白している場面があったとしましょう。

「そのマンションの立地や間取りだと、分譲であれば○○万円だろうな」
「賃貸っぽいから、家賃は月々○万円かな」
などと想像してしまうのです。

以前、家内とテレビを見ているときに、

私「あの立地であの広さならこれぐらいの価格のはず。主人公の給料であれば、三五年ローンを組んだとしても、この額の住宅ローンを払えるはずがない。いったい誰がその金を出したんだ！」

家内「いいでしょ、そんなこと。ドラマと関係ないでしょ」

私「仮に、給料が想像よりかなり高いとしても、主人公のような不安定な職業では金融機関の審査が通らないだろう。人物設定がおかしくないか？」

私「じゃ、賃貸だとしよう。そんな高い家賃を払って、あんな高級スポーツカーが買える生活ができるかな～」

などとブツブツと独り言を続けていると、家内が言いました。

家内「あのー、ドラマですから！」

最終的には家内に「絶対おかしくない。全然おかしくない」と、口に人差し指をあてて「シー」と注意をされてしまいました。

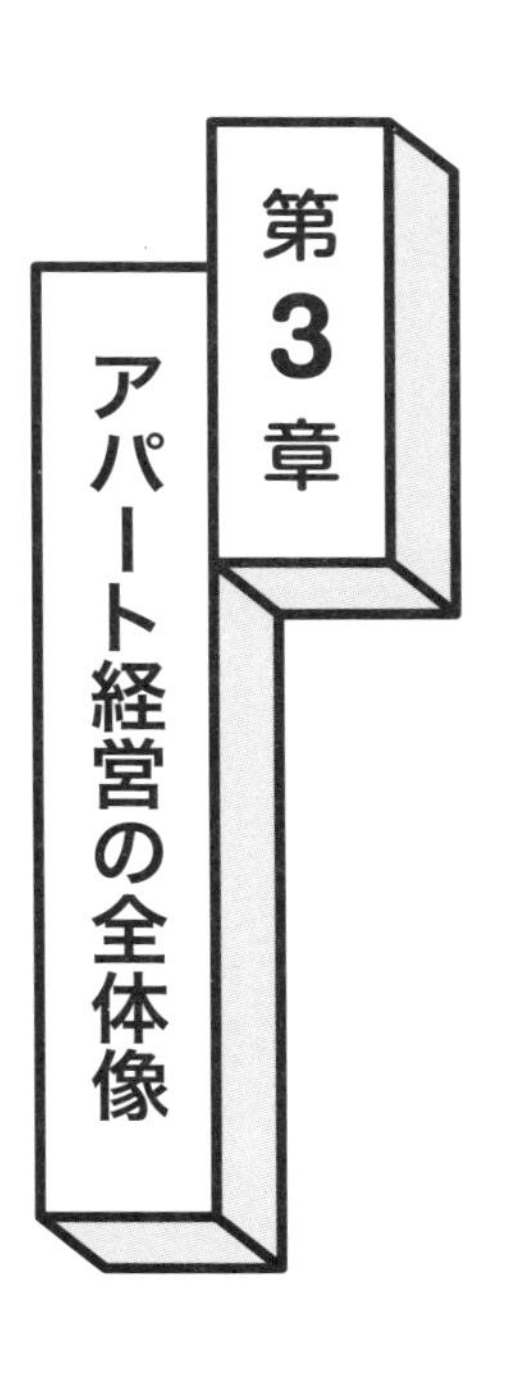

第3章 アパート経営の全体像

ミカンの木で知る不動産投資

不動産経営の作業は多岐にわたっています。

物件の新築、あるいは中古物件を購入すること、買った物件の管理、水道や電気系統など、各種工事屋さんとの調整、そして所得の申告など……。

アパート経営を継続するためには、そうした業務やテクニックも大事です。そして、併せて、経営者としての考え方も大事になってきます。

経営において重視するべきことがらは、経営をはじめた初期のころから、段階を踏んでいくにつれて変化していきます。その全体像を俯瞰的に見ることができれば、より効率的に学ぶことができると考えました。不動産に関することで、今自分が困っている部分はどの位置にあるのか。それを明確にする目的でミカンの木のイラストを作成しました。

この絵では、不動産投資を「ミカンの苗木を育て果実を収穫する」ことに例えています。

今、学んでいること、セミナーで話されていること、検討していることが、不動産投資全体のどの部分のことなのかを知れば、その後の学びが楽になるはずです。

例えばミカンの苗の種類（駐車場や貸家など）の特徴、そして購入方法から適切な管理（家賃管理など）、そしてミカンの根の重要性（経営者としての考え方など）まで、それぞれ専門的にわかる本が出版されていますから、どこに問題があるかを意識して本を選択し、学ぶことが効率的かつ効果的だと考えます。

また、具体的に、自分の強い部分や弱い部分も見えやすくなります。

これから項目ごとに大まかに説明しますが、それぞれの事項の位置関係を理解することが重要だと考えています。

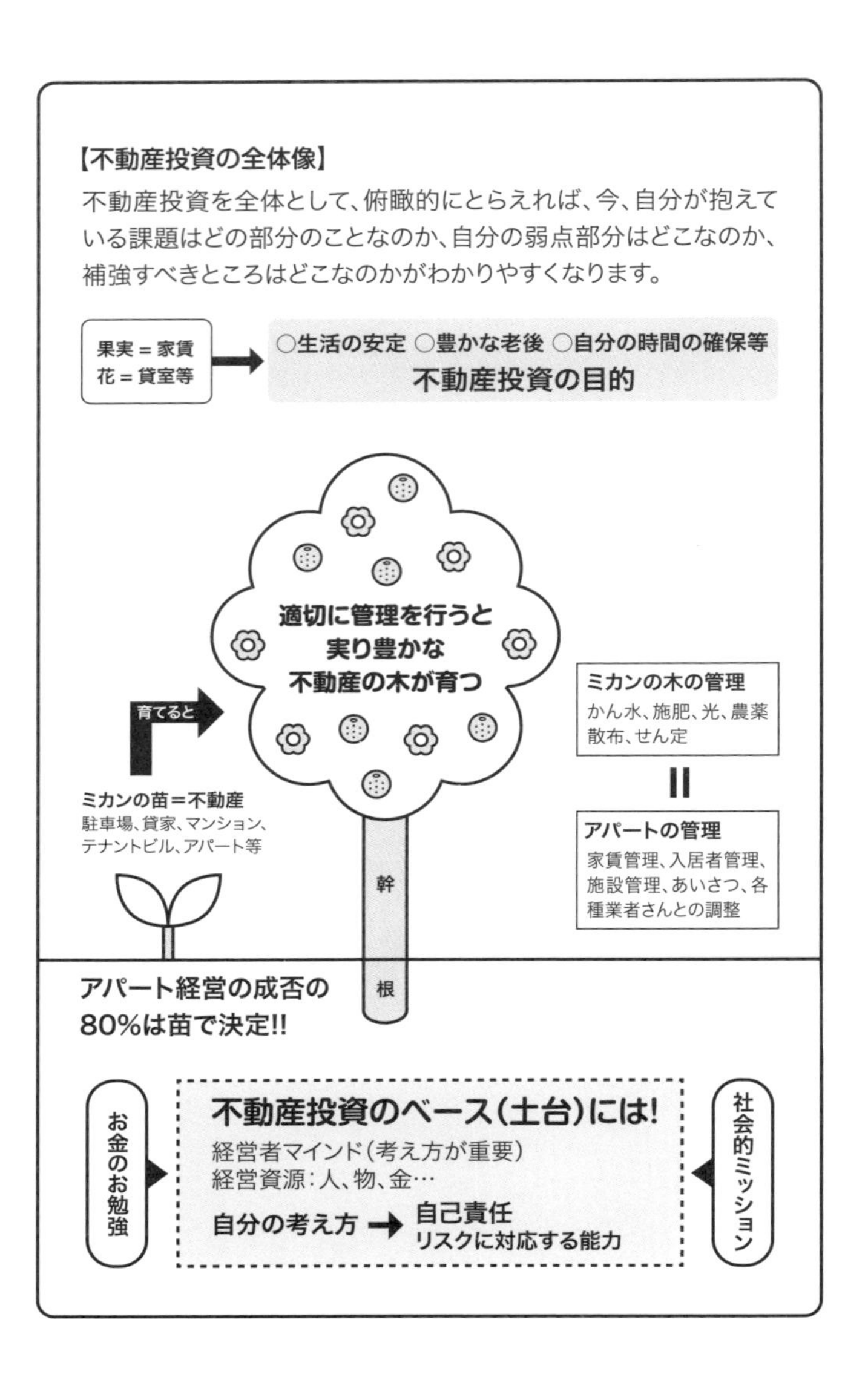
【不動産投資の全体像】
不動産投資を全体として、俯瞰的にとらえれば、今、自分が抱えている課題はどの部分のことなのか、自分の弱点部分はどこなのか、補強すべきところはどこなのかがわかりやすくなります。
果実＝家賃
花＝貸室等
○生活の安定 ○豊かな老後 ○自分の時間の確保等
不動産投資の目的
適切に管理を行うと
実り豊かな
不動産の木が育つ
育てると
ミカンの苗＝不動産
駐車場、貸家、マンション、テナントビル、アパート等
ミカンの木の管理
かん水、施肥、光、農薬散布、せん定
アパートの管理
家賃管理、入居者管理、施設管理、あいさつ、各種業者さんとの調整
幹
根
アパート経営の成否の80%は苗で決定!!
お金のお勉強
不動産投資のベース（土台）には!
経営者マインド（考え方が重要）
経営資源：人、物、金…
自分の考え方
自己責任
リスクに対応する能力
社会的ミッション

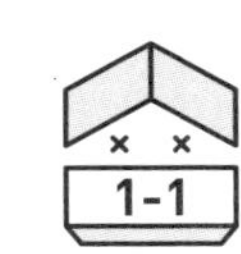

物件＝ミカンの苗

物件をミカンの苗に例えると、どのような苗を手に入れるか、良い苗が見つかるかどうかで、その後の成否が決まってしまうと私は考えます。つまり、**病気な苗や生育不良の苗をその後いかに大事に育てても成果を得ることは難しいのです。**

では、どのような苗＝物件があるのか、それぞれの特徴を説明しましょう。

不動産投資の種類としては、駐車場、貸土地、区分所有マンション、テナント、アパートなどがあります。もちろんその物件の組み合わせもあるわけですが、それぞれ特性が違います。

どのような不動産に投資するかは、本業との関係もあるでしょうし、また、ご自分の投資への考え方にもよると思います。

最初に新築あるいは購入する物件は、あなたがその後の不動産投資を継続し、発展させていく上で極めて重要なものになっていきます。どのような種類の不動産を選択したとしても、最初の物件は、特に収益性の高い物件である必要があります。

その中から、特徴的な事柄について説明します。

●不動産の特徴　その1　駐車場は手間がかからず効率的

駐車場ニーズの高い市街地であれば、コインパーキングによって効率的に収入を得ることができます。コインパーキングの場合には設備投資が必要ですが、減価償却費として経費となります。**本業が忙しい人であれば比較的リスクが少なく安定的に収入を得る手段として理想的だと思います。**市街地で年間一〇〇〇万円以上の収入を得ることができるコインパーキングを設置した土地が売りに出ていることがありました。残念ながら購入には至りませんでしたが魅力的な物件でした。経費としては、設備の補修、取り換え程度ですし、管理委託をすればほとんど手間がかかりません。また、郊外であっても、利用予定のない空いた土地があり、駐車場が不足している地域であれば、駐車場経営は、安定収入を得る手段となります。空き地は、駐車場以外に、資材置き場としてのニーズもあります。

不動産の特徴　その2　安定経営には難あり 区分所有マンション

区分所有マンションについては、購入価格が比較的小さいので最初の投資物件として勧める方がいますが、私はお勧めしません。修繕積立金や管理料等の負担がある場合が多く、利回りが低くなりがちです。また、マンションの管理組合等と協調して経営することが求められることがあり、自分自身だけで決定することができない事項があったりします。**自分自身の努力で対処できない事柄が多い場合には、安定経営が難しくなります。**

マンション投資の手法としては、老朽化した激安物件を購入し、自らリフォームをすることで利回りを確保したり、立地によっては、ウィークリーやマンスリーでの運用により成果を上げている事例があります。

不動産の特徴　その3　テナントビルは立地や業態に左右

商業施設ビルの場合は、居室に比べて家賃が高いため、利回りは高くなります。運用そのものは、店舗（小売業など）、事務所、飲食店（居酒屋、スナックなど）等々、入居する事業者の性質で大きく変わってきます。一般的に、不特定多数のお客様を対象に商売する小売業（衣料品店、レストラン、スーパーマーケットなど）店舗の場合は通行量の多い道路に面している物件が有利ですし、また、ある程度の駐車場が必要な場合があります。飲食店の中でも、居酒屋・スナックなどは特殊で、騒音などから周辺の治安が悪くなりがちですから他の入居テナントからのクレームが出やすいです。さらにビル自体のイメージが悪くなりがちですし、建物も汚れます。会社の事務所として賃貸してもらうのが一番無難で、継続性も高いのですが、そうなると一定数の駐車場を確保するために大きな敷地が必要となりますから利回りが悪くなります。

テナントビルからの家賃収入は、消費税の徴収対象となります。**今後、消費税は高くなっていく傾向にあるため、収益性を考える上ではそのことを想定しておく必要があります。**

最近、景気が良くなりつつあるような報道がありますが、テナント物件の場合は、地域や立地により入居率に大きく差が出る傾向にあります。特に店舗テナントは、依然として収益性の波が大きく、入れ替わりが激しいように思います。

テナントビルを購入あるいは新築するのであれば、利回りだけでなく、入居率や消費税の支払いも考慮に入れて、アパート経営に比べてシビアに検討する必要があります。金融機関からの融資も居室アパートと比べると審査が厳しくなります。

不動産の特徴　その4　単身・家族向けなどアパート

ここでは、入居のすべてが居室、あるいは一部がテナント（例えば一階がコンビニ・居酒屋・事務所等）の物件を指します。私自身もアパートを購入目標にしています。1K、1ルームなどの単身者向けと2LDK等のファミリー向けがあります。ファミリー向けの物件は一度入居すると長期間入居してくれる傾向にある一方、学校やスーパーマーケット等の生活施設が徒歩圏内にないと入居率が悪くなります。また、引っ越しのシーズン（三～

四月）に空室になると一年間空室になってしまうこともあります。

単身者向けの場合は、ファミリータイプに比べて利回りが高くなり、また、比較的、生活施設から距離があっても入居してくれます。二年から三年で退去する場合が多くリフォーム費用がかさむ傾向にあります。

木を世話すること＝物件を管理すること

ミカンの良い苗を手に入れた後、その果実を品質よく、たくさん収穫するためには適切な世話をする必要があります。木を最良の状態に保つよう水や肥料をやったり、農薬をまいたり。アパートにおいても、**安定的に高い家賃をもらうためにはアパートを管理する必要があるのです。**物件の管理については、通常の大家さんであれば不動産屋さんに委託する場合が多いと思いますので、ここでは４つに分けて簡潔に説明します。

①家賃滞納は「ボタンのかけ違い」に注意

不動産経営は、家賃収入を得るために行っているわけですから、家賃の管理は、極めて重要な作業です。**ミカンの木に例えると、花が部屋で家賃が果実です。**入居者の中には必ず入金が遅れる人が出てきます。理由はさまざまですが確実に入金するように管理しなければいけません。この場合の対象は入居者つまり対人間ですから、根本的に人間とはどのような性質であるかを理解する必要があります。滞納があった場合は、速やかに、最初はやさしく督促し、たびたび滞納がかさなるようでしたら、丁寧を心がけながらも毅然とした口調で期限内の納付を催促する必要があります。大家さんは、期限を守らない入居者を許してくれないと思ってもらう必要があります。最初の対応を間違えると、このボタンのかけ違えが、入居者との関係で、さまざまなことに影響を及ぼしてきます。

②入居率向上のカギ

物件外設備の管理としては、駐車場、エントランス、植え込み、外灯、メールボックス等の整理、清掃があります。また、チラシ専用のゴミ箱を用意したり、エントランスを季節や催事に合わせて飾りつけたり、植え込みに季節の花を植えたりする、などがあります。

物件内（室内）の管理としては、水周り、ガス、電気設備の管理とクロス、床、天井、ベランダ等の整備管理があります。

入居者の入れ替わりの時には清掃、修理を行います。その時には電器屋さん、水道屋さん、ガス屋さんにお願いすることが多くありますから、そうした業者さんとは日ごろからのお付き合いが大事になります。入居率の向上のため、インターネットの無料化を行ったり、ガス乾燥機、エアコン、カーテン等を設置したり、さらに洗濯機、テレビ、冷蔵庫を設備としてあらかじめ設置する場合もあります。工事や掃除等、それぞれの業者さんに依

アパートのエントランスに鉢植えやチラシ専用のゴミかごを置くなどして美しく保つようにしています。

頼することになりますが、方法や程度を決定するのは大家さんの仕事です。家賃との兼ね合いで、どの程度、手を入れるかを模索することになります。

③ 対人力がポイント　長く住んでもらうための入居者の管理

不動産管理は、入居者さんや工事屋さんなど、対象となる人と、いかにうまく付き合っていくかに尽きます。

入居者を管理するとは、**自分の所有するアパートの特徴を駆使して、優先的に顧客が選択して入居してもらうことです。**また、入居してからも快適な生活をしてもらい、できるだけ長期間、入居してもらうことです。入居者を「教育する」とか「あやつる」とかの意味ではありません。

例えば、物件内見のときにスリッパを設置するというような気遣いや、アパートで人を見かけたら必ず挨拶をするなど、入居者と言葉を交わすということも重要です。また、設備の故障などで入居者から苦情が来れば、丁寧な受け答えと迅速な対応をすることなどもあります。

しかしながら、入居者はさまざまな年齢構成で、職種も性格も違えば、それぞれに趣味嗜好がありますので、対応するにも「対人間力」が求められます。私自身、対応を誤り、その後の関係を難しくしてしまった経験がこれまでに何度もあります。

◎まず話を聞く

私の過去の経験から、入居者からある種のクレームがあった場合、入居者の言っている内容が正しいか正しくないかの前に、まず入居者の話を十分聞くということが重要だと考えています。単に話を聞いてほしい場合もありますし、**話を聞いてあげることで解決する場合も多々あります。**

◎経費がかからないことであれば、可能な限り、すぐに対応する。

十分な対応ではなくても、対応することで理解が得られる場合があります。設備に不備があったならば速やかに工事屋さんに連絡し、入居者さんに連絡させます。工事屋さんから電話が入ることで、入居者さんは、具体的に対応がなされたと知って安心します。

当然ではありますが、入居者それぞれ性格が違いますから強気の人もいれば、大家さんに直してもらうことを心配する人もいます。できるだけ、どんな人であっても常に冷静に、やさしく丁寧な対応で信用を得て、いい関係を築いていくことが大事です。

④ あいさつ、あいさつ、あいさつ

あいさつをすることについては、語りつくせないほどの良い波及効果があります。私自身、もともとは日常生活で積極的にあいさつをする方では決してありませんでした。しかし、現役大家さんの書いた本に「あいさつは大事です」と書いてありましたので、とりあえず自分も実行したのです（私は、読んだ本の中で私が実行できる事項は、基本的にすべて一度は実行すると決めています）。

あいさつをする相手は、アパートの近隣で見かけたすべての人です。特に入居者さん、入居者を訪ねてきたお客さん、アパートの隣人さん（特に奥さん）には、こまめに声かけをしています。アパートに隣接している戸建ての住人（特に奥さん）と仲良くなれるとアパートで起きたいろいろな出来事を教えてくれますから、私は折に触れて、お菓子を持っていきます。

その他には、アパートの付近を散歩している人、掃除をしている人（私はアパートの掃除をその地域のシルバー人材センターにお願いしています）、郵便屋さん、チラシ配りの人などいろいろです。

次のことから、あいさつは大事だと実感しています。

◎私を大家さんだと覚えてもらうことができる。

あいさつを交わしていると、親しみやすい大家さんだと思ってもらえますし、親しみを持ってもらえると、**何かあったときに早め早めに知らせてくれ、対応が円滑にできます。**もし、アパートに不具合があったとしても、入居者さんによっては電話で話しづらいと感じている人もいます。この場合、直接会ったときにお話ししていただけるのです。部屋内部にある設備や、大家が気づかないようなテレビアンテナの少しの不具合、はたまたベランダへのハトのフン公害など、さまざまな問題点を早急に解消できるのです。

◎情報収集に効果的

入居者さんからアパート近隣の情報やほかの入居者さんの状況を教えてもらうことができます。これで、ネコをアパートの敷地の裏で飼っている入居者がいるとの情報を得たことがあります。部屋の中ではないですが、これも大変困ります。誰がやっているかを特定できないと対処ができないのでこのような情報はとても助かりました。

◎入居者さんの個人的事情などを早めに認識できる。

会社や家庭の状況などといったいろいろな事情を事前に知っていれば、家賃の延滞などでも大ごとにならないように防ぐことができます。また、入居者のお客さんへごあいさつできることで、入居者さんの交友関係や精神状態を推測することができる場合があります。

◎防犯上の効果

アパートの敷地内や近隣で見かけたことがない人に遭遇した場合には特に積極的に声か

けとあいさつをします。**空き巣が事前に下調べをしている可能性もありますので警戒感を持ってもらうためです。**

また、チラシを配っている方にもあいさつをします。私がアパートの大家だとわかれば、相手はチラシを配る了解を取るようになります。

一部のアパートでは管轄のおまわりさんとも名刺交換をし、所有不明な自転車の放置、学生らのたむろしての喫煙などをやめさせてもらいました。

ある時、下校途中の数名の小学生が排水管をつたってアパートの屋根やベランダへ侵入したことがありました。子供たちにとっては単なるいたずらですが、とても危険な行動です。そうした困りごとにも、一度ごあいさつをしておくとおまわりさんは、とても丁寧に対応してくれます。警察は事件が起こった場合に、どのような組織に、どのように対応したらいいかの情報を持っていますので、何かあったらいろいろ助けてくれるのです。また、名刺をもらっておけば直接電話できるのでとても安心です。

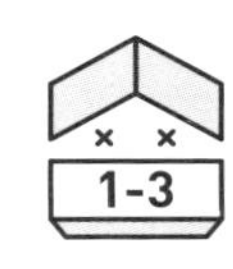

ミカンの木で言えば、根となる経営者マインド

ミカンの木の土台となる土の中は目に見えません。しかし、**ミカンの根は、幹や枝を支えると同時に、生育するために必要な水分や養分を吸収し、植物全体に行き渡らせています。**同様に、不動産投資を行う上で、「経営者としての考え方」は、すぐに利益をもたらすものではないかもしれませんが、長期的に経営を持続し、安定的に発展させていくうえで、あなたの不動産投資の全体を支えるものとなります。

●計画を立ててそれを達成していくこと

必要不可欠な基本的手法（入居者募集など）や方法（設備補修など）を計画的に整理し、

経営の安定を目指すこと。また、あなたの目標とする収益や年収を年ごとに定め、達成できるようにすること。あなたの得意な分野や好きな分野を活かして実行していくことなど、あなた自身の考え方を整理しておくことが大事です。

計画を実行するために必要とされるのが、自分を含めた**人、物、金、情報等の活用です。**なかでも、**自分への投資が最大の投資であるとよく言われます。**計画を定めず、流れの中で方向を定めていく方法を勧める方もいらしゃいますが、私は目標を定めて達成していく方が楽しいです。

「経営者としての考え方」は、不動産投資における核であり、大事な土台です。不動産投資の場合は、小売業や加工業などより、収入や経費もかなりわかりやすいので、年次ごとの目標を作るのはそれほど難しくないと思います。

ミカンの木が増えてきた

さて、不動産投資について、ミカンの木を育てて収穫し果実を得ることにたとえて説明してきましたが、**最近、不動産というミカンの木を植える人が増加しています。**今まであれば、ミカンの木を植えてしまえば、管理は不動産屋さんに任せ、経費の出入りは税理士さんに相談したりしながら果実の販売収入だけを得ていればよかったのだと思います。しかし、ミカンの木を植える人が増えると当然、収穫されるミカンの量は増え、ミカンの価格は下がります。収入が減ると経営収支は悪くなります。

ここで問題なのは、ミカンの価格が下がった場合に、その対処策を講じることができるのはミカンの木を植えた経営者だけだということなのです。このような事態になった場合、どうしたら所有するアパートの収益性が好転するのかを対処することがひとつの経営となります。

本来であれば、物件を購入あるいは新築する前から検討しておくべきことではあります。しかし一般的に、土地を所有している家主さんがアパートを新築する場合には、建築屋さんが設計から収益性の計算まですべてしてくれます。場合によっては融資してくれる金融機関への説明までやってくれることもあります。そのため、家主さんは、建築屋さんを信じて自分のアパート経営を始めることとなりますから、ほとんどの場合、**自分のアパートの家賃が周辺アパートの家賃に比べて高いのか低いのか、築年数の経過でどれぐらい家賃が下落するのか、また、その地域でどれくらい空室があるかとか、そういったことを家主さんは自分で確かめていないのです。**

建築屋さんが作る収支計算書は建築屋さんから見た計画ですから、当然のことながら、自分たちの経営収支が維持していくように策定しています。建築屋さんは建物を建てるのがお仕事ですので、毎年、新規着工をしなければ商売が成り立ちません。沖縄では全国でも珍しくアパートの新規着工件数が多いとも言われています。

このような状況ですので、最近では新築当初から空き室があったり、手取り金が少ないというアパートが出現していると聞きました。新築当初は、減価償却費の恩恵で所得税の支出がありませんので手痛いことにはならないと思いますが、五〜六年経過したころには赤字に転落ということもありえます。人口の減少により、入居率が低下している地域では、家賃収入が減少し、赤字であるため物件の売却を検討したいにもかかわらず、金融機関からの借り入れがあるためアパートの売買価格を下げて売ることができず、困って夜も眠れない家主さんがいると耳にするようになりました。

他人事ではなく、自分の身にも降りかかってくるかもしれない現実です。厳しいようですが経営はすべて自己責任です。ご自分の考え方だけが最終的な砦なのです。

物件数が増加してきたとき、どのような対応をすることができるのか。自分の物件の強みは何か。最悪の事態を回避する方法はあるのか。投資にはリスクがつきものです。リスクをコントロールできる能力（考え方）を身につけておく必要があります。

優先順位の確認は重要

それを踏まえて、あらためて、アパートを経営する上での重要度の優先順位を確認しておきましょう。

1　収益性の高い（利回りの高い）物件を新築、あるいは購入すること（重要度八〇％）

収益性が高いとは、立地、構造、設備、間取り等が優れているため、購入あるいは新築価格より家賃収入が割合的に高い状態のことです。不動産投資は、物件を新築あるいは購入した時点で勝負の八〇％は決まってしまいます。収益性が高ければ、最終的に家賃を下げることによって、近隣アパートと勝負することができます。

2　物件の管理（重要度二〇％）

類似物件での勝負となる場合に、空室対策や優秀な不動産屋さんとの連携、リフォーム資金の調達等で入居率の向上を図ることが重要です。収益性の高い物件を購入あるいは新築できると物件管理は飛躍的に楽になります。高度な空き室対策やリフォーム技術などは、購入後のプラスαと考えてアパート大家業を始めることが大事です。不動産投資は最初が肝心です。くどいようですが、すべては自己責任であると認識する必要があります。

根本的には、人と人との関係である

私は、どちらかと言えば理系の考え方をする方ですし、家内や友人から「変わり者」だとよく言われるので、多くの人には若干違和感があるかもしれませんが、著名な経営者の本やいろいろな人の成功経験本などを読んでいると、総じて、次のようなことが書いてあるように感じています。皆さんのご意見を頂戴したいところです。

例えば、わかりやすくペットでたとえると、ネコはネコとして、イヌはイヌとしての特性があります。イヌは、飼い犬でも野犬になると集団化しますが、ネコは野良ネコでも単独行動です。

同じように、ヒトは集団的動物という特性を持っています。人間社会の中で認められればうれしいし、無視されると悲しい。誰かの役に立ちたいし、誰かとつながっていたいし、常に向上したい。そこから生まれる反応が、ヒトには共通してあると思います。

私たちはイヌやネコをペットとして飼うことがあるので、その特性を理解しようと努めるものですが、**なぜか、ヒトについては、「特性があるものだ」とうすうす感じていながら、意外と理解しようとしないところがあるように思います。**

経営（商い）は当然のように、人と人の中で行うものです。だから、ヒトの特性を生かしながらヒトと付き合う必要があるわけです。できるだけ早くに、詳しくヒトの共通の特性を知り、応用しながら活かしていく方が商いも成功しやすいのではないでしょうか。

余談ですが、親子の関係でも同様だと思います。自分の子供も親もヒトです。一番身近な肉親でもヒトの特性を無視して良好な関係は築けないのです。

●失敗から人間の特性を知る

リーダー論や経営論、コマーシャルやセールスなどは、すべてこうしたヒトの特性に基づくものですから、それを活用するためには、前提として「ヒトの特性へ対応する」という姿勢が必要になります。ただ、これはあくまでも「知識として持っていた方がよい」ということであって、経営のテクニックとはまた別の話ではありますが、ヒトとしての特性を知っておけば経営のテクニックを効果的に応用しやすくなると思います。

さらに、この本は、「失敗を糧にする」がテーマですので、失敗についても私なりに考えていることをお話しします。

人間は経験しながら知識を自分のものにしていくので、まだ年若いうちは、当然、経験するたびに失敗するということになります。よって、失敗は想定のうちだと最初から考えておく必要があります。私のように年を取ってから失敗する人もいるとは思いますが、年を取ってから失敗すると、なかなか辛いものがあります。だからこそ、「ヒトには特性がある」ということを知りながら若い時から小さな経験（失敗？）をたくさんする方が少し楽なのではないかな、と思います。**つまり初めての挑戦は、どうせ失敗する確率が高いのだから小さな失敗をたくさんした方が効率がいいということです。**

●経験から個々人の「個性」を知る

投資ということを考えると、経営資源の中では自分も含めた「人材」の活用が一番難しいと言われます。しかし一番効果が上がって、満足感が得られる投資でもあります。また「自分への投資」は、すべての業種で共通の、ローリスク・ハイリターンの投資です。

何をどうしたらいいのかがわからない場合は、まず自分に投資するということ、つまり学ぶことが効果的です。自分の知識、能力を高めることで損することはないと思います。

ところで、学生から社会人になる成長の過程で自然と感じることではありますが、ヒトには共通の特性があると同時に、個人には、それぞれ、また個性があることに気づきます。遺伝子や育ってきた家庭環境が違うのですから当然ではありますが、身体的に頑強であるとか、スポーツが苦手であるとか、人を喜ばせることが何より好きであるとか、さまざまです。得手不得手もあるでしょうし、刺激に対する反応も個性によって違って、それが人間的な魅力になったりもします。

経験を重ねながら失敗を繰り返し、自分の個性も認識しつつ、ヒトの特性についての知識を深めていければ、より成功に近づくように思います。あんがい、人は自分の個性を知らないものだと思います。私自身、年齢とともに自分の意外な個性を知ったりしますので（知っていても、自分の個性を自分で操縦するのはかならずしも容易ではありませんが）。

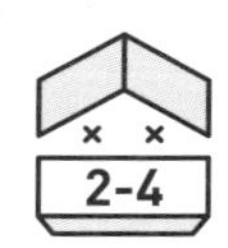

どうせみんな死ぬ、だから幸せに生きる

唐突な話になりますが、私は、ヒトの最終目標は出来るだけたくさんお金を稼ぐことでもなく、一番偉くなることでもなく「それぞれの個人が幸せになること」だと思っています。私の不動産経営の目的も「私と私の家族、そして私の周りのすべての皆さんの幸せ」です。しかし、自分を幸せにすることができるのは自分しかいませんから、「自分が、日々楽しくなるように行動すること」が大事です。そうすると周りの人々も楽しくなります。

現実的には、個々人で資質が違うわけですから、「幸せの形」も違います。それぞれの成果を比較することなく、個々人で最大限できる範囲で、なおかつ自分の好きなことで他人のためになるように、少しずつ前に進んでいければ楽しいのだろうと思っています。

佐藤愛子さんの著書に『ああ面白かったと言って死にたい　―佐藤愛子の箴言集―』（海竜社）という本がありますが、まったく同感です。私の口癖は「どうせ、みんな死ぬからね」です。口癖としてはあまり良くないかもしれませんが、**去った過去を思いわずらっても、また、自分ができないことを考えてみても仕方ありません。**どうせみんな間違いなく死ぬのだから、できることならばやりたいことを全部やって、周りの人を幸せにして、死にたい。

私のいろいろな挑戦も試行錯誤しながら紆余曲折で進んでいる状況です。

給与者生活をしていたころは、このようなことを考えたり、実感することはできませんでした。それが可能になったのは、入居者さんや関係業者さん、約五〇〇人と、一年を通じて継続的に一対一で対応するようになってからのことです。

とにもかくにも、今、自分のやっていることが、こんな感じで進んでいるのであれば、「まずまず」かな。

人生設計は、順調かもしれないと思ったりしています。

おわりに
Apartment

本書を最後まで読んでいただき心から感謝申し上げます。

私が、アパート経営をしていく上での失敗談をお話しすることで、これから不動産投資を目指す人、すでに実践している人にとって何らかのお役に立てればと思い、この本を書きました。

後半では、私なりの考え方や判断の仕方、進め方などを書いたので従来の不動産投資の本とはちょっと違う印象となりました。不動産投資に関する技術的な手法や知識を学ぶだけでは、何らかのオリジナルな課題が出てきたときにどうしても対応ができないと思ったからです。

私は、これからもたくさんの失敗をしていくと思います。もちろん、その都度、その時点での自分の能力で精いっぱい対応していくこととなります。

過去の失敗を思い返してみても仕方ありません。それがその時点での私のベストな判断なのですから。先進的な大家さんが見いだした手法は参考にしつつも、自分ながらの考え方を整理することで、さまざまな場面に応用できるようにしておきたいと思っています。このような考え方へのご意見も頂戴できれば幸いです。

皆さまの不動産投資がうまくいきますように。また、そのことが、皆さまの幸せへつながっていくことを心よりお祈り申し上げます。

編集にご尽力頂きましたボーダーインクの喜納えりか様、支えてくれた家族そのほか、ご指導、ご協力頂いたたくさんの方々に感謝申し上げます。

二〇一六年七月　仲村渠 俊信

〔著者略歴〕
仲村渠　俊信（なかんだかり　としのぶ）
1956年9月、沖縄県生まれ。琉球大学理学部卒。沖縄県内で給与収入生活を続ける中で、将来の生活に不安を感じ、「土地なし、知識なし」から収益性の高い中古アパート購入に挑戦。現在、複数の物件を所有する専業大家。2012年4月、不動産管理会社を設立し、代表取締役就任。家族は妻と3人の子供。「沖縄大家の会」会員。著書に『あなたも沖縄でアパート大家さん！』（2014年、ボーダーインク）がある。

私のアパート経営〈失敗〉物語
成功の秘訣はトラブルにあり!?

2016年10月12日　初版第一刷発行

著　者　仲村渠俊信

発行者　宮城正勝
発行所　（有）ボーダーインク
〒902-0076　沖縄県那覇市与儀226-3
tel098(835)2777　fax098(835)2840
http://www.borderink.com/

印刷所　株式会社東洋企画印刷

ISBN978-4-89982-308-7